INDICE

JAVASCRIPT.

Tema1. INTRODUCCIÓN. CONCEPTOS BÁSICOS.

Cómo crear un programa con Javascript.
Definición de tipo de datos y variables.
Comentarios en javascripts.
Realizar el ejercicio 1 y guardarlo como ej1.htm
Realizar el ejercicio 2 y guardarlo como ej2.htm.(Utiliza variables)
Realizar el ejercicio 3 y guardarlo como ej3.htm
Definición y utilización de funciones.
Realizar ejercicio 4 y 5, guardarlo como ej4.htm y ej5.htm
Definición de objeto, propiedades del objeto y métodos.
Estudio de algunos objetos JavaScript.
Creación de nuevos objetos y definición de sus propiedades y métodos.
Realizar ejercicio 6 y 7 y guardarlos como ej6.htm y ej7.htm
Definición y manejo de eventos.
Estructuras de programación.
Estructuras repetitivas,instrucción for, instrucción while.
Estructuras condicionales, la sentencia if..else, operadores lógicos.
Realizar ejercicios 10,11,11b,11c,11d y 12.

Tema 2. ARRAYS

Definición de array. Los arrays en JavaScript.
Realizar el ejercicio 13.

Tema 3. OBJETOS PARA MANEJO DE TIPOS DE DATOS.

Objetos para facilitar el manejo de tipos de datos y sus métodos.
Objeto String (cadenas de caracteres), Objeto Date, Objeto Math.
Realizar los ejercicios 14 ,15 y 16.

Tema 4. FORMULARIOS EN JAVASCRIPT

Objetos formulario, propiedades, métodos y eventos de cada uno de ellos.
Objeto Form,objeto button, objeto text, objeto textarea, objeto checkbox,
objeto radio, objeto select.Realizar los ejercicios de 16 a 23.

Tema 5. OBJETOS JAVASCRIPT.

Objetos que se pueden manipular desde JavaScript. Objeto Window,
objeto Location, objeto history, objeto document, objeto links,
objeto anchors, objeto frames. Realizar los ejercicios de 24 a 28.

JAVASCRIPT.

TEMA 1. INTRODUCCIÓN. CONCEPTOS BÁSICOS. Javascript.

El lenguaje HTML permite dotar las páginas Web de una atractiva información visual, no obstante le falta cierto grado de interactividad para el usuario, es decir, en la mayoría de casos, una página Web es un mero escaparate (más o menos atractivo). Para dotar una página Web de más interactividad podemos insertar por ejemplo, applets de Java; un applet de Java es una mini aplicación construida en este lenguaje.

No obstante, Java es un lenguaje bastante complicado, en especial si no se tienen conocimientos de C++, o programación orientada al objeto. Así pues no se trata de un instrumento fácil de utilizar para los que no conocen técnicas de programación.

Para llenar el vacío existente entre la sencilleza y poca interactividad de HTML, y el grado de interactividad y dificultad de Java, las empresas de software se dispusieron a desarrollar órdenes fáciles de utilizar. De esta manera **Netscape Communications** introdujo el lenguaje **LiveScript**, poco después la empresa **Sun Microsystems** (creadora del lenguaje Java), se unió a **Netscape** para conseguir que **LiveScript** fuese adoptado como lenguaje estándar de Internet para la escritura de órdenes acerca de la Web. Puesto que LiveScript tenía muchas semejanzas con Java, el lenguaje fue renombrado **JavaScript**.

JavaScript es pues, un lenguaje de programación dirigido a los creadores de páginas Web.

- **Como crear un programa con JavaScript.**

Para crear un programa utilizando JavaScript, sólo es preciso un sencillo editor de textos, o bien el editor de HTML que se prefiera. La página se puede construir utilizando únicamente el código JavaScript, o también (cosa más habitual) incorporando un programa en una página en lenguaje HTML.

Para que un navegador reconozca las sentencias codificadas en JavaScript han sido introducidas dos nuevas etiquetas: <SCRIPT> i </SCRIPT>. Como podéis suponer, el código del programa irá entre estas dos etiquetas; junto con la etiqueta <SCRIPT>, podéis poner el atributo LANGUAGE, que especifica el lenguaje que utilizará el SCRIPT:

<SCRIPT LANGUAGE="JavaScript">

- **Antes de empezar.**

Debemos decir **que JavaScript es un lnguaje de programación interpretado**[1].

---

[1] Actualmente la mayoría de lenguajes de programación son compilados, esto significa (para definirlo de forma rápida), que el código del lenguaje es traducido en su totalidad al lenguaje de la máquina, generando un archivo que sea ejecutable directamente por el sistema operativo. En un lenguaje de

JAVASCRIPT.

Esto significa que una vez cargado por el navegador, las líneas del programa se van leyendo y ejecutando una a una <u>en la máquina que ha cargado la página</u>. No obstante cabe decir que no todos los navegadores (especialmente los más antiguos) pueden interpretar JavaScript, por tanto, es una buena idea cerrar las sentencias JavaScript entre las etiquetas <!- y ->. Los navegadores más actuales saben buscar las sentencias JavaScript dentro del texto que se encuentra entre estas etiquetas y ejecutarlo, mientras que los navegadores que no soportan JavaScript, únicamente interpretan estas líneas como comentarios del autor.

Lenguaje JavaScript.

- **Definición de tipo de datos y variables.**
1. Tipos de datos.
Los tipos de datos son los distintos valores que puede gestionar un ordenador y que un usuario/programador puede manipular mediante lenguajes de programación. Un programa es, sencillamente, una serie de sentencias que manipulan datos. Java soporta tres tipos de datos:

> **Numéricos:** números en general.
> **Lógicos,** pueden tener los valores **cierto o falso**
> **Cadenas de carácteres o strings.**

2. Variables.

Podemos definir variable, como: una porción de memoria a la cual se le asigna un nombre, y que sirve para guardar datos de un determinado tipo. Así por ejemplo:

> A=5;

A es una posición de memoria (la que sea) donde se guardará el valor *5*.

> Texto="Hola, Buenos Días"

Texto es una posición de memoria (de hecho son más), donde se guardará la secuencia de caracteres *Hola, Buenos Días.*

Restricción: Las variables se diferencian caracteres en mayúscula y minúscula. Por ejemplo: Hola, HOLA hOLa y HolA, son cuatro variables diferentes.

Otra recomendación, a las variables debéis ponerles nombres descriptivos, pues os facilitarán el seguimiento del programa, en especial si se trata de un programa extenso. Por ejemplo, una variable que debe guardar el precio de los tomates de SamarKanda, es mejor llamarla PrecioTomatesSamarkanda, que PTS, pues en caso de que al cabo de un tiempo volvierais al programa para modificarlo, podríais confundir PTS por Patatas Tostadas y Saladas.

---

programación interpretado, cada línea del programa es leída, traducida a lenguaje máquina y ejecutada. Evidentemente, esto requiere un programa activo en la memoria, que realice todo el proceso: leer, traducir e interpretar.

JAVASCRIPT.

Para terminar el tema de las variables, debemos destacar la gran flexibilidad que ofrece JavaScript, para el manejo de distintos tipos de datos. Es corriente que lenguajes de programación más potentes que JavaScript, incorporen distintas funciones para pasar datos de un tipo a otro; por ejemplo, un valor entero a cadena de caracteres. Esta complejidad no está presente en JavaScript puesto que la conversión entre distintos tipos se hace de manera automática (esto debe tener su precio, sobretodo tratándose de cuestiones de rendimiento y memoria, pero como ya hemos indicado, JavaScript no está pensado para programadores, sino para diseñadores de páginas Web, y no se trata de complicarles demasiado la vida). Por ejemplo, sentencias como las que siguen a continuación, que no serían válidas en lenguaje C, Pascal, o el mismo Java, JavaScript las entiende perfectamente.

> Varnúmero=10; // Varnúmero es igual al número 10
> VarTexto = "10"; // VarTexto es igual a la secuencia de caracteres "1"y "0"
> VarTotal = VarTexto+Varnúmero;

Esta última instrucción, convertirá *Vartotal* en una variable tipo cadena (string) que contendrá la secuencia de caracteres (**no el número**) "1010". Si hubiésemos puesto:

> VarTotal = Varnúmero + VarText;

VarTotal sería una variable numérica que contendría el valor 20. Al operar con dos variables del mismo tipo, la variable de la izquierda del igual, coge el tipo de la primera variable, la de la derecha del igual.

Cuidado con esto:

> Varnúmero = 10;
> VarTexto = "Hola";
> VarTotal = Varnúmero + VarTexto;

La última sentencia producirá un error, pues JavaScript no puede convertir "Hola" en un número.

No obstante, será válido,

> VarTotal = VarTexto + Varnúmero;

> VarTotal sería igual a la cadena de caracteres "Hola10".

- **Los comentarios:**

Es recomendable que documentéis el código JavaScript con comentarios, pues además de hacer un programa más entendedor, os serán útiles si posteriormente lo modificáis. Si os acostumbráis a perder un poco de tiempo poniendo comentarios referentes a qué hace el programa, y cómo lo hace, no perderéis tiempo en las revisiones posteriores.

También podéis utilizar los comentarios para poner algunas notas referentes al autor del programa.

JAVASCRIPT.

JavaScript permite dos formas de comentario: comentarios de una línea, precedidos por //

    // Esto es un comentario de una línea,

y los comentarios de más de una línea, cerrados por la pareja /* */

    /* Este comentario
     tiene
    más de una línea */

Para terminar con los comentarios, se recomienda encerrar el código JavaScript entre los comentarios HTML <!-- y --> de manera que los navegadores que no soporten sentencias JavaScript las vean como comentarios. Los navegadores que soportan JavaScript saben encontrar este código dentro de los comentarios. Así pues se recomienda dejar el código como sigue a continuación:

```
<SCRIPT>
<!-- Código JavaScript


..........
//-->
</SCRIPT>
```

JAVASCRIPT.

- ## El primer programa.

Abrir el editor de HTML que utilizáis normalmente, y teclear el siguiente código.

Ejemplo 1.

```
<HTML>
<HEAD>
<TITLE> Prueba de JavaScript </TITLE>
</HEAD>
<BODY>
<h1>Página de Prueba</h1>
<BR>
<BR>

<SCRIPT>
<!--
// Primer programa. Sólo escribe mensajes

        document.writeln("Hola, esto es un mensaje...");
        document.writeln("Y esto es otro mensaje...");
//-->
</SCRIPT>

<BR>
<BR>
<H1>Final</H1>
<HR>
<HR>
</BODY>
</HTML>
```

Fijaros en el código en JavaScript, la sentencia **document.write** escribe en el documento el texto encerrado entre comillas, si el texto son sentencias HTML como en la tercera línea, estas serán interpretadas como tales en el documento donde se escriban. No os preocupeis por la sintaxis, de momento apuntaremos que *document* es un **Objeto** y *Write* un **Método** del Objeto *document*. Más adelante definiremos Objeto i Método.

El mismo programa utilizando variables.
Ejemplo 2.

Utilizando variables, simplificaremos un poco esta sentencia, sustituir el scripts del ejercicio1 por el siguiente y guardar el ejercicio como ej2.htm

```
<SCRIPT>
<!--
 // Primer programa. Sólo escribe mensajes
        var   Texto1 = "Hola,esto es un mensaje "  // Especificar el texto para el Link.
```

```
        document.writeln(Texto1);
        document.writeln("Y esto otro mensaje...");
//-->
</SCRIPT>
```

Ejemplo 3.

Fijaros en el siguiente programa donde hay una serie de bloques repetidos. He continuado usando las variables. Sustituir el scripts por el ejercicio ej2.htm

```
<SCRIPT>
<!--
// Programa.

var Texto = "primer hola";

 document.writeln(Texto)

  Texto = "segundo hola";
 document.writeln(Texto)

  Texto = "Tercer  hola";
 document.writeln(Texto)

//-->
</SCRIPT>
```

Observad que en este programa hay repeticiones de sentencias. JavaScript también permite definir funciones para evitar estas repeticiones de código, las funciones además os ayudarán a dejar vuestros programas más bién acabados y más manejables a la hora de hacer modificaciones.

- **Funciones.**

Una función es un conjunto de sentencias (subprograma) con entidad própia que hace algún trabajo en concreto. Una función se define de la siguiente forma:

```
        function hacer_alguna_cosa(Parámetro1, Parámetro2,..., Parámetro N)
            {
                    Sentencias de la función;
            }
```

hacer_alguna_cosa el nombre de la función. Parámetro1,... Parámetro N, son los valores que se envian desde donde se llama a la función (puede ser que una función no tenga ningún parámetro). Fijaros que las líneas de código de dentro de la función van cerradas con {};

JAVASCRIPT.

Una función se llama sencillamente por su nombre. Por ejemplo:

hacer_alguna_cosa(Parámetro1, Parámetro2,…, ParámetroN);

Antes de ver un ejemplo aclarando las funciones, sólo indicar que éstas casi siempre se definen dentro de la sección <HEAD> </HEAD>.

Mirar a continuación como quedaría el último programa utilizando una función.
Guardarlo como ej4.htm

Ejemplo 4.

```
<HTML>
<HEAD>
<TITLE> Prueba de JavaScript </TITLE>

<SCRIPT>
<!--
/* Función para crear un enlace.
   Parámetros
       Enlace = Texto con el URL del Enlace, observad que hemos utilizado la unidad
       C: si se quiere enlazar a una dirección de internet sólo se tiene que sustituir por
       HTTP:
     Texto = Texto con el rótulo para el Enlace
*/

function Hiperenlace(Texto)
  {
        document.writeln(Texto);
  }

//-->
</SCRIPT>

</HEAD>
<BODY>
<h1>Página de Prueba</h1>
<BR>
<BR>

<SCRIPT>
<!--
// Programa que muestra el texto repetido asociado a la función.

Hiperenlace("Primer  hola");
Hiperenlace("Segundo hola");
Hiperenlace("Tercer hola");

//-->
```

JAVASCRIPT.

```
</SCRIPT>
<BR>
<BR>
<H1>Final</H1>
<HR>
<HR>
</BODY>
</HTML>
```

Explicación del programa.

- Definición de función (Dentro de la sección <HEAD> </HEAD>.

    function Hiperenlace(Texto)

    Definimos una función que ha de recibir un parámetro cuando se llame: el valor es una variable Texto.

Además las funciones tienen la particularidad de ser independientes y como consecuencia transportables, eso significa que las podéis insertar en cualquier página que las necesitéis.

Ver a continuación la función siguiente, que sirve para definir una lista de tres elementos. Guardar el ejercicio como ej5.htm

Ejemplo 5.

Aquí se utilizan las etiquetas de las listas, en el curso html del composer las ponía el editor directamente las listas desordenadas y ordenada, pero realmente lo que hace es poner las etiquetas:

```
PARA LISTA DESORDENADAS
<UL>
  <LI>PRIMER ELEMENTO LISTA
  <LI> SEGUNDO ELEMENTO LISTA
</UL

PARA LISTAS ORDENADAS
<OL>...</OL>
```

```
<SCRIPT>
<!--
/* Función para crear una lista de tres elementos
   Parámetros:
        L1, L2, L3 : Texto para los elementos de la lista.
```

JAVASCRIPT.

```
*/

function Hacer_Lista(L1, L2, L3)
        {
                document.write("<UL>");
                document.write("<LI>" + L1);
                document.write("<LI>" + L2);
                document.write("<LI>" + L3);
                document.write("</UL>");
        }
//-->
</SCRIPT>
```

Esta función se llama de la siguiente forma:

Hacer_Lista("Primer elemento", "Segundo Elemento", "Tercer Elemento");

```
<HTML>
<HEAD>
<TITLE> Prueba de JavaScript </TITLE>
<SCRIPT>
<!--
/* Función para crear una lista de tres elementos
   Parámetros:
        L1, L2, L3 : Texto para los elementos de la lista.
*/

function Hacer_Lista(L1, L2, L3)
        {
                document.write("<UL>");
                document.write("<LI>" + L1);
                document.write("<LI>" + L2);
                document.write("<LI>" + L3);
                document.write("</UL>");
        }
//-->
</SCRIPT>


</HEAD>
<BODY>
<h1>Página de Prueba</h1>
<BR>
<BR>

<SCRIPT>
<!--
Hacer_Lista("Primer  hola","Segundo hola","Tercer hola");
```

JAVASCRIPT.

```
//-->
</SCRIPT>



<BR>
<BR>
<H1>Final</H1>
<HR>
<HR>
</BODY>
</HTML>
```

Objetos.

Llegado este punto, ya estáis preparados para entender que es un objeto. No haré una definición exhaustiva y completa de que es un objeto, ni entreré en la definición de clases, herencia, métodos dinámicos, etc. No es estrictamente necesario que se entiendan estos conceptos para trabajar con objetos dentro de JavaScript. Si alguna vez os decidis a aprender C++ o Java, entonces si que tendréis que enterder que es un objeto y todo eso que conlleva la programación orientada al objeto.

En la programación convencional (quiere decir la de toda la vida, la no orientada al objeto), un programa está constituido por un conjunto de datos (variables), que son manipulados por una serie de instrucciones o funciones. Podemos diferenciar dos partes en un programa: los datos y las instrucciones que gestionan estos datos.

En la programación orientada a objetos (OOP), se pretende encapsular los datos y el código en unas entidades llamadas objetos para acercar la definición de un programa al mundo real.

Vamos a ver un ejemplo de cada caso:

Supongamos que pretendemos hacer un programa que dibuje un cuadro en la pantalla. Necesitaríamos una variables que guardara la longitud del lado del cuadrado, otra variable que definiera el color, otra variable que definiera el ángulo de inclinación del cuadro sobre eje X.

Si además quisiéramos dotar el cuadrado de movimiento (izquierda derecha, arriba y abajo), necesitaríamos dos variables para guardar el valor de las coordenadas X y Y que ocupa el cuadrado en el plano de la pantalla.

Para hacer las cosas bién hechas, tendríamos que definir unas cuantas funciones: una para dibujar el cuadrado, otra para desplazarlo horizontalmente, otra para desplazarlo verticalmente, otra para hacerlo girar. Cada una de estas funciones tendría que recibir los parámetros adecuados; por ejemplo la función dibujar la podríamos definir de la siguiente forma:

```
function dibujar (Lado, Color)
  {
  .....
  }
```

La función movimiento vertical se podría definir:

```
function mov_vertical (X_Inicial, Y_Inicial, X_Final, Y_Final, Lado, Color);
  {
  ........
  // Calcular nueva posición cambiando el valor de las coordenadas X,Y del
cuadrado sobre la
  //pantalla
  .....
  dibujar(Lado, Color);  // Llama la función dibujar, para hacer el cuadrado en
las nuevas              //coordenadas.
  ....
  }
```

De esta forma , el programa funcionaría; de hecho, hasta la aparición de los lenguajes de programación orientada al objeto, las cosas se hacían así, y funcionaban.

No obstante, programando así, las variables utilizadas para definir el cuadrado no tienen ninguna relación entre ellas (exceptuando la relación que ha establecido el programador en su cabeza). Dicho de otro modo: Color, Lado, X yY, son cuatro variables que nos pueden definir un cuadrado, pero entre ellas no existe nada que permita verlas como partes características o propiedades de un cuadrado. Lo mismo sucede con las distintas funciones que definen el comportamiento de un cuadrado. Además, cada una de las funciones requiere una serie de parámetros para poder actuar correctamente.

En resumen, este tipo de programas nos aleja de la realidad. Al ver un cuadrado, podemos observar que tiene unas propiedades: longitud del cuadrado, color... que son propias del cuadrado, y que si el cuadrado se mueve, las veremos como un comportamiento del cuadrado y no como cambios de variables que trazan el cuadrado.

- **Propiedades.**

En la programación orientada al objeto podemos definir un objeto atribuyéndole distintas propiedades. Así, podemos definir un cuadrado:

```
Clase Cuadrado
  {
   Propiedad Lado;
   Propiedad Color;
   Propiedad Coordenada_X;
   Propiedad Coordenada_Y;
  }
```

Debéis tener en cuenta que aquí hemos definido cómo debe ser, qué características definen un objeto tipo Cuadrado (en lenguaje OOP esto es definir una clase, en JavaScript esto es totalmente transparente). Para definir un objeto de la clase cuadrado se necesita una función (método)especial, llamada **constructor** en OOP. Normalmente, esta función sirve para dar valores a las variables (propiedades) del objeto.

// Es la función o **método** constructor.

```
Function nuevoCuadrado(pColor, pLado, pX, pY)
  {
    Color = pColor;
    Lado = pLado;
    Coordenada_X = pX;
    Coordenada_Y = pY;
  }
  .
  .
  .

Q1 = nuevoCuadrado(Azul,10,50,50);  // Se llama al constructor pasándole
valores para las
                        //propiedades
  .
  .
```

Una vez llamado el constructor, los valores de las **propiedades** del objeto Q1 quedan definidas. Para referenciar cada una de las **propiedades** debemos utilizar la notación punto. Así por ejemplo, para cambiar el color de Q1 en el programa principal, haríamos lo siguiente:

```
Q1.Color = Verde;
```

Para cambiar el lado,

```
Q1.Lado = 10;
```

Con el OOP, la definición de un programa se acerca más a la realidad. Q1 es un objeto tipo cuadrado definido por las **propiedades**: Color, Lado, Coordenada_X y Coordenada_Y.

- **Métodos.**

Queda por determinar el comportamiento del objeto cuadrado. Acciones tales como movimiento, etc... son definidos también en la declaración del objeto (clase). Las partes del objeto que definen su comportamiento se llaman **métodos.** De hecho, un método es una función, pero una función asociada al objeto. Ver la definición de objeto (clase):

```
Clase Cuadrado
  {
    Propiedad Color;
    Propiedad Lado;
```

```
        Propiedad Coordenada_X;
        Propiedad Coordenada_Y;
        Método Movimiento_Vertical(Nueva_Y);
        Método Movimiento_Horizontal(Nueva_X);
        Método Girar(Ángulo);
    }


    Método Cuadrado.Movimiento_Vertical(Nueva_Y);
      {
        ….. // Código de la función
      }


    MétodoCuadrado.Movimiento_Horizontal(Nueva_X);
      {
        ….. // Código de la función
      }


    Método Cuadrado.Girar(Nuevo_Ángulo);
      {
        ….. // Código de la función
      }
```

Un programa que utilizará Objetos de la clase Cuadrado:

```
    Q1 Cuadrado;  // Declaración de variable Q1 tipo cuadrado

    Q1 = nuevoCuadrado(Azul, 10, 50, 60); // Invocar el método constructor para
            inicializar las                      // propiedades del objeto.

    Q1.Movimiento_Vertical(50);  // Invocar el método movimiento vertical

    Q1.Girar(45);   // Invocar el método Giro
```

Los métodos que definen el comportamiento del objeto, aquí también quedan integrados dentro del objeto.

Aquí termina la corta (y en realidad muy superficial, incluso demasiado) explicación referente a los objetos. Lo que debería quedar bien claro, es que un objeto está formado por **propiedades**, definiéndolo como tal, y por **métodos**, los cuales además de definir su comportamiento, permiten cambiar los valores de sus propiedades.

Objetos de JavaScript.

- **Algunos Objetos Incorporados.**

JAVASCRIPT.

Cuando un navegador, NetScape o Explorer, cargan una página web, de manera automática se crean una serie de objetos que JavaScript puede manipular.

La jerarquía (jerarquía significa que las clases que están por debajo, son derivadas de algún objeto de clase superior. De este modo, el objeto Documento estará definido dentro de un objeto Window) de los objetos incorporados es la siguiente:

Window, Parent, Location, History, Document, Form, Elements, Links, Anchors

- **Propiedad y métodos de los objetos incorporados.**

En esta sección veremos algunas propiedades y métodos interesantes acerca de los objetos incorporados, que nos serán útiles en los ejemplos que realizaremos a continuación. Más adelante, haremos una definición más extensa de cada objeto. De momento podéis considerar este tema como una introducción.

Por ejemplo tendremos:

Objeto Window.

Este objeto es el que se encuentra en el nivel más alto de la jerarquía. Una de las propiedades del objeto Window es **status,** el cual permite cambiar el mensaje de la barra de estado del navegador que carga la página.

> window.status = "Hola cómo estamos ?";

El método **Alert**, que sirve para mostrar en un cuadro de diálogo un mensaje de advertencia. El cuadro lleva un botón OK para cerrarlo.

> window.alert("Cuiado, no haga esto ");

El método **Confirm**, abre una ventana mostrando un mensaje con los botones OK y Cancel. Dependiendo del botón que pulse el usuario, se podrá escoger que acción se debe ejecutar. Confirm es una función que devuelve un valor que podemos guardar en una variable Booleana.

> window.confirm("Estás seguro de que quieres hacer esto ?");

Objeto Documento.

De este Objeto ya habéis utilizado un método, el método write(), que sirve para escribir de forma directa en una página.

Otros métodos del objeto Documento.

> Método **open**(); este método lo activaréis para abrir un documento.

> Método **close**(); este método lo activaréispara cerrar un documento.

> Método **clear**(); método invocado para cerrar un documento.

Propiedades del objeto documento; las propiedades hacen referencia a las características que definen un objeto.

Propiedad **linkColor**; color para los links.

Propiedad **alinkColor**; color para el link activo.

Propiedad.**vlinkColor**; color para los links de páginas visitadas.

Propiedad **bgColor**; color de fondo para la página.

Propiedad **fgColor**; color para el texto.

Propiedad **fontcolor**; color de la fuente.

Objetos definidos por el usuario.

Dejaremos para más adelante el resto de objetos incorporados de JavaScript para ver seguidamente, cómo debe definir un objeto un usuario. Tomaremos la función Hiperenlace como punto de partida. Como recordaréis, utilizábamos esta función para escribir un texto en el documento. Esta función necesitaba un parámetro: Texto.

A continuación definiremos un objeto. Llamaremos al objeto Hiperenlace. Como veréis un hiperenlace se define por la propiedad **Texto que debe mostrar. P**a construir un objeto definiremos su constructor, en el cual únicamente asignaremos valores a las propiedades; definiremos también el método Mostrar_Enlace .

- **Creación de un objeto.**

Para crear un objeto se utiliza la sentencia **new**.

Objeto = **new** nombre_constructor(parámetro1, parámetro2,..., parámetroN);

nombre_constructor es el nombre del la función que sirve para definir las propiedades y los métodos del objeto que crea. Para definir una propiedad utilizaremos **this.nombre_propiedad.**

```
función nombre_constructor(parámetro1, parámetro2,..., parámetroN);
  {
    this.propiedad1 = parámetro1;
    this.propiedad2 = parámetro2;
    .
    .
    this.propiedadN = parámetroN;
  }
```

Así pues, para definir un constructor para Objetos Hiperenlace podríamos hacer:

```
function HiperEnllace(Texto)
```

```
        {
            this.Texto = Texto;
        }
```

Para crear un objeto Hiperenlace invocaremos al constructor de la siguiente manera:

Nuevo_Enlace = new HiperEnlace("Texto para el hiperenlace");

Nuevo_Enlace es un objeto HiperEnlace. Insisto en this, <u>significa objeto que invoca</u>, así en el ejemplo anterior **this.Enlace** es la propiedad **Enlace** del objeto *Nuevo_Enlace*. Al definir un objeto nuevo, por ejemplo:

Otro_Enlace = new HiperEnlace("Texto para el enlace");

En este caso **this.Enlace** se refiere a **Otro_Enlace.Enlace**. El uso de **this** permite que con un solo método se puedan definir multitud de objetos de un tipo.

- **Definición de métodos.**

Se iguala el nombre del método a una función de la siguiente manera:

this.Nombre_del_Método = Nombre_Función;

Nombre_Función esta función se invoca al hacer referencia al método.

De este modo, si en el programa queremos definir un método para escribir el enlace en el documento:

this.Mostrar_Enlace = Escribe_Enlace;

La función o método constructor, quedará definida de lasiguiente manera:

```
        function Hiperenlace(Enlace, Texto);
        {
            this.Texto=Texto;

            this.Mostrar_Enlace=Escribe_Enlace;  // Al invocar el método
        Mostrar_Enlace se llama
                                        // la  función Escribe_Enlace
        }
```

Y la función Escribe_Enlace <u>que será ejecutada al invocar el método Mostrar_Enlace</u> quedará:

```
        function Escribe_Enlace()
        {
            documento.write( this.Texto);
        }
```

JAVASCRIPT.

Las sentencias **this.Text**, indican que <u>se utilitzarà el valor de las propiedad Texto del objeto que invoque la función mediante el método Mostrar_Enlace</u>.

Cuando queramos escribir en el documento, sólo deberemos llamar su método Mostrar_Enlace;

Nuevo_Enlace.Mostrar_Enlace();

Estudiad el siguiente programa en el cual se utiliza un *Hiperenlace*; leed los comentarios - por algún motivo se ponen - y procurad entender bien que hace cada una de las sentencias del código JavaScript.

Ejemplo 6. Guardarlo como ej6.htm

```
<HTML>
<HEAD>
<TITLE> Prueba de JavaScript </TITLE>
<SCRIPT>
<!--
/* Función para crear un enlace.
    Parámetros
      Enlace = Texto con el nombre del Enlace
      Texto = Texto con el título para el enlace
*/
function HiperEnlace(Texto)
  {

      this.Texto = Texto;      // Asignar valor a la propiedad Texto
      this.Mostrar_Enlace = Escribe_Enlace;   // Establecer el método Mostrar_Enlace y hacer que al
                              //invocarlo ejecute el código de la función Escribe_Enlace.
  }

// Función para escribir en Enlace. Para utilizar las propiedades de el objeto que invoca al método se
// utiliza this.nombre_propiedad.

function Escribe_Enlace()
  {
    document.write( this.Texto );
  }
//-->
```

JAVASCRIPT.

```
</SCRIPT>

</HEAD>
<BODY>
<h1>Página de Prueba</h1>
<BR>
<BR>

<SCRIPT>
<!--
// Programa.

// Aquí se detallan tres propiedades para el objeto documento

document.bgColor="Cyan";      // Color de fondo para lapágina azul claro
document.fgColor="Gray";      // Color deltexto, por defecto, gris

// Crear y inicializar Objeto Enlace
  Nuevo_Enlace = new HiperEnlace("Primer Enlace");

// Crear y inicializar objeto Otro_Enlace
  Otro_Enlace = new HiperEnlace("Segundo Enlace");

// Escribir Enlace;
  Nuevo_Enlace.Mostrar_Enlace();
 document.write("<BR>");

// Cambiamos el texto del enlace
  Nuevo_Enlace.Texto="Es otro texto hacia el mismo enlace";

// Escribimos el nuevo enlace en el documento
  Nuevo_Enlace.Mostrar_Enlace();

document.write("<BR>");

// Escribimos otro_enlace en el documento
  Otro_Enlace.Mostrar_Enlace();
//-->
</SCRIPT>

<BR>
<BR>
<H1>Final</H1>
<HR>
<HR>
</BODY>
</HTML>
```

Otro ejemplo de objetos.

JAVASCRIPT.

Objeto que escribe un texto en la página. Llamaremos al objeto *Texto*, y le definiremos cuatro propiedades: el Mensaje a escribir, Tipo de Fuente, Tamaño de la fuente y Color de la fuente. Definiremos también un método para escribir el texto en el documento. Cuidado con las líneas cortadas del programa, se deben escribir en una única línea;las he puesto así, para que quepan entre los márgenes.

Las etiquetas que definen el tamaño de texto, color,fuente en html son las siguientes⊗

(Ver el código correspondiente al texto cuando se modifican las propiedades desde el composer)
<font face="fuente+" color=".Color+" size="Tamano+"/>"+Textoque se trata+"</font>"
Siendo:

Fuentes:Arial,times,helvetica,etc, podreis poner cualquier fuente que reconozca windows.
Color:Utilizar los colores que se usan en el curso html.
Tamaño: un número entero.

Ejemplo 7.
```
<HTML>
<HEAD>
<TITLE> Prueba de JavaScript </TITLE>
<SCRIPT>
<!--
/* Función para definir el objeto,
   método constructor*/
function Texto(Men,Fuente,Tamano,Color)
  {
      this.Mensaje=Men;
      this.Fuente = Fuente;
      this.Tamano= Tamano;
      this.Color = Color;
      this.Escribe = Esc;
  };
function Esc()
  {
    document.write("<font face="+this.Fuente+" color="+this.Color+"
size="+this.Tamano+"/>"+this.Mensaje+"</font>");
    document.write("<BR>"); // Para hacer un salto de línea.
  };
//-->
</SCRIPT>
</HEAD>
<BODY>
<h1>Página de Prueba</h1>
<BR>
```

JAVASCRIPT.

```
<BR>
<SCRIPT>
<!--
// Programa. De escribir texto
Texto1 = new Texto("Esto es un Texto","Times New Roman","10","00FF00");
Texto2 = new Texto("Esto es otro Texto","Arial","16","00FF00");
Texto1.Mensaje="Hola, cómo estáis?";   // Cambiar el mensaje a Texto1
Texto1.Escribe();
Texto1.Color="FF0000";// Cambiar el color a Texto1
Texto1.Escribe();
Texto2.Escribe();
//-->
</SCRIPT>
<BR>
<BR>
<H1>Final</H1>
<HR>
<HR>
</BODY>
</HTML>
```

De aquí podemos extraer una conclusión lógica, saber programar no significa, ni mucho menos, conocer un determinado lenguaje de programación; saber programar significa saber aplicar los tipos de datos adecuados, y implementar la secuencia de instrucciones convenientes para gestionar los datos de forma óptima. Una vez definido el programa en pseudocódigo, traducirlo a un determinado lenguaje, es relativamente fácil. De ello podemos sacar otra concLlusión lógica.

Antes de hacer cualquier programa debéis pensarlo y planificarlo en pseudocódigo, aunque parezca una pérdida de tiempo, os podemos asegurar que se trata de todo lo contrario. Quizás vuestra única intención sea aprender un poco JavaScript, y no tenéis previsto llegar nunca a realizar programas complejos. No importa, la escritura en pseudocódigo os obligará, siempre, ha hacer como mínimo un esquema de aquello que queráis hacer, y de este modo al implementar el programa, si éste falla, podréis seguir el esquema y localizar los errores más fácilmente.

La nomenclatura del pseudocódigo es sencilla, cada programador tiene la suya; más o menos, se suele seguir la implementación del lenguaje Pascal, aunque con el idioma propio de cada uno.

- **Instrucciones condicionales.**

Hasta el momento todos los programas que hemos hecho estaban compuestos por grupos de instrucciones que se ejecutaban una tras otra; es lo que en programación se conoce como **estructura secuencial**. No obstante hay casos en los que es necesario encaminar el código del programa hacia la ejecución de una o más sentencias, cuando se da una situación determinada. Estableciendo una analogía con una situación real, como por ejemplo hacer una tortilla, haremos la tortilla si hay huevos, es decir:

Si hay huevos entonces (Condición)
   Haré una tortilla. (Acción que se raliza si se cumple la condición).

Una aproximación a un problema que debe resolver un ordenador mediante un programa. Supongamos que debemos confeccionar una página comercial para una librería, y queremos que al entrar un usuario se le pregunte sí quiere ver una lista con todos los libros que han llegado en la última semana. El pseudocódigo sería:

```
Respuesta=Obtener_Datos_Usuario();
Si  Respuesta="S"  Entonces    // Condición
    mostrar_Página_Lista_Última_Semana;//(Acción que  se ejecuta si se cumple
la condición
```

Obtener_Datos_Usuario() sería una función que pararía el programa hasta que el usuario entrara datos desde el teclado, o haciendo clic con el ratón (más adelante, veréis cómo se hace esto). La función devolvería "S" o "N" en función de la respuesta del usuario, y guardaría este valor en la variable Respuesta.

A continuación se evalua la condición Respuesta="S"; sí es cierta, se ejecuta el código **mostrar_Página_Lista_Última_Semana**.

El pseudocódigo **Si** condición **Entonces**, en lenguaje JavaScript es:

```
if (condición)
   sentencia;
```

Si se debe ejecutar más de una sentencia se cierra todo el bloque entre llaves.

```
if (condición)
  {
    sentencia1;
    sentencia2;
         .
         .
    sentencian;
  }
```

Veamos una aplicación real.

Cogemos por ejemplo, el código de la función Esc() (método del objeto Texto) que habíamos hecho para escribir con sus correspondientes atributos.

```
function Esc()
  {
        documento.write("<font face= "+ this.Fuente + " Color= " + this.Color + Size=
"+                        this.Tamano+">" + this.Mensaje + "</font>");
```

```
        documento.write("<Br>");   //Para hacer un salto de línea.
}
```

Esta función escribe un mensaje y salta una línea. Es posible que alguna vez, después de escribir un texto, no queráis saltar una línea; para solucionar esto, hay dos soluciones: definir otra función sin el código *documento.write("<Br>")*, o bien utilizar la instrucción condicional **if**. Ver el siguiente código:

Ejemplo 8.

```
function Esc(Saltar)
    {
        document.write("<font face=" + this.Fuente + " Color=" + this.Color+
                  "Size="+this.Tamaño+">" + this.Mensaje + "</font>");
        if (Saltar= = "S")
            document.write("<Br>");   // Para hacer un salto de línea.
    }
```

Document.write("<Br>"); sólo se ejecutará si la variable Saltar tiene el valor "S". Para saltar una línea una vez escrito el texto, se debe invocar el método de la siguiente manera:

> Texto.Escribe("S");

Y si no se quiere saltar,

> Texto.Escribe("N");

> (de hecho, sería válido cualquier carácter menos la S).

Tabla de operadores relacionales.

==	operador de igualdad.
!=	operador de diferencia.
<	operador menor que
>	operador mayorque
<=	operador menor igual que
>=	operadormayor igual que

- **Instrucción if...else...**

Esta instrucción permite evaluar una condición; si se cumple, se ejecuta el código que sigue a if; si no se cumple, ejecuta el código que sigue a else. Sirve para simular situaciones del tipo "si sucede esto tal, si no sucede cual ". Por ejemplo, supongamos que disponemos de los huevos necesarios para hacer la tortilla, entonces, quizás la querramos de patatas, pero si no disponemos de patatas, deberemos hacerla a la francesa. Esquematizando con logaritmos:

Si disponemos de patatas
        hacer tortilla de patatas;
Si no
        hacer tortilla a la francesa (o huevos fritos);

Veamos otro ejemplo dirigido a la programación. Siguiendo con las páginas de la librería, resolveremos (con un algoritmo), la posibilidad de permitir al usuario que escoja si quiere ver los artículos de la librería (libros, libretas, material escolar...), o sólo los libros.

.
    Respuesta=Escoger_Material_En_Ver();
    Si (Respuesta = "Todo") **Entonces**
        Mostrar_Todo(); // Función donde se carga la primera página de la serie para verlo todo
    Si no
        Enlazar_con_SóloLibros.Html;// Función donde se carga la primera página de la serie   //libros.

Veamos a continuación un caso práctico. La función (Método del objeto Hiperenlaces) es aquella que se utiliza para escribir un hiperenlace en el documento.

```
function Escribe_Enlace()
  {
    document.write("<A href="http://"+this.Enlace+">" + this.Texto + "</A>";
  }
```

Esta función sirve para escribir enlaces hacia otra página Web href=http://. En este caso, para darle más utilidades a la función, la construiremos de manera que también permita establecer enlaces hacia correo electrónico. El atributo para enviar correo electrónico es MailTo:. Una vez esté invocada la función, utilizaremos un parámetro para indicarle que tipo de enlace debe crear.

Ejemplo 9.

```
function Escribe_Enlace(Tipo_Enlace)
  {
    if (Tipo_Enlace == "correo")
      document.write("<A href=MailTo:" + this.Enlace + ">" + this.Texto +  "</A>");
    else
      document.write("<A href=http://" + this.Enlace + ">" + this.Texto +  "</A>");
  }
```

JAVASCRIPT.

La función será llamada de la manera siguiente:

Los objetos para correo, invocarían al constructor de la siguiente manera:

Nuevo_Enlace = **new** HiperEnlace("pepito@qqq.com","Correo a Pepito");

Y los objetos para el enlace a la página Web invocarían:

Otro_Enlace = new HiperEnlace("www.tal.pascual","Hacia la página Web");

Para invocar al método Escribe_Enlace, en el caso de correo, se haría de la siguiente manera:

Nuevo_Enlace.Mostrar_Enlace("correo");

Y en el caso de la dirección Web

Otro_Enlace.Mostrar_Enlace("web");

- **Operadores lógicos.**

Operador lógico Y.

Hay situaciones en las cuales no basta comprobar una sola condición. Para evaluar más de una condición a la vez, podéis utilizar los operadores lógicos. Siguiendo con la tortilla: podemos hacer la tortilla de patatas si disponemos de huevos, y además de patatas (sí os gusta con cebolla, también debériis disponer de ella).

Si Disponemos de huevos **Y** Disponemos de patatas **Entonces**
Hacer tortilla de patatas.

La acción " *Hacer tortilla de patatas* " sólo se puede ejecutar si se cumplen las dos condiciones; en caso que falle una de las dos, falla toda la expresión condicional, es decir, no se ejecuta la acción.

El operador lógico **Y** en Javascrip se expresa **&&**

```
if (condición1 && condición2 &&…. && condiciónN)
  {
    ….;
  }
```

Ejemplo:

A continuación la función Esc(), en caso de que el mensaje tenga más de 15 caracteres, y su tamaño sea >= 5, se divida por la mitad y lo escriba en dos líneas. Cuidado con las sentencias document.write del ejemplo, pues en el editor que utilicéis debéis escribirlas en una sola línea.

JAVASCRIPT.

Ejemplo 10.

Implementar las siguientes funciones en una página y guardarla como ej10.htm, utilizar el ejercicio ej7.htm sustituyendo la función esc() y el cuerpo de la página.(body)

```
function Esc()
{
    var Longitud = this.Mensaje.length;  // Long. Del Mensaje
    var Mitad= Longitud / 2;

    if (this.Tamaño >= 5 && Longitud > 15)
        {
            document.write("<font face=" + this.Fuente+ " Color=" + this.Color+
            " Size="+this.Tamaño+">"+ this.Mensaje.substring(0,Mitad) +    "</font>");

            document.write("<Br>");
            document.write("<font face=" + this.Fuente + " Color=" + this.Color
            + " Size="+this.Tamaño+">"+ this.Mensaje.substring (Mitad, Longitud) + "</font>");

        }
    else
            document.write("<font face="+this.Fuente+" Color="+this.Color+"
            Size="+this.Tamaño+">"+this.Mensaje+"</font>");

            document.write("<Br>");   // Para hacer un salto de línea.
}
```

Observación.

Ver el código anterior y comprobar como <u>hemos dejado un espacio entre las propiedades y los atributos</u>. Debajo lo tenéis indicado por el guión:

document.write("<font face=" + **this**.Fuente+"_color="+......

Debéis hacerlo así, pues de lo contrario, al sustituir por los valores **this**.fuente quedaría:

<font face=Times New Romancolor=...

en vez de

<font face=Times New Roman color=...

Para probar el funcionamiento, invocar la función con el código siguiente:

Texto1 = **new** Texto("Esto es un Texto","Times New Roman","6","FF0000");
Texto1.Escribe();   // Escribe una línea, Longitud del Texto no es mayor que 15

Texto1.Mensaje="En un lugar de la Mancha de cuyo Nombre";

```
Texto1.Tamaño="3";
Texto1.Escribe();  // Escribe en una línea ya que Tamaño de la fuente no es mayor
```
igual que 5

```
Texto1.Tamaño="6";
Texto1.Escribe();  // Escribe en dos líneas ya que Longitud > 15  y además Tamaño
```
de la Fuente   // >=5

Operador lógico es O.

Este operadorpermite ejecutar una serie de acciones si se cumple alguna de las condiciones que se evaluan. Sirve para casos como:

Si es sábado **O** es domingo **Entonces**
Tenemos fiesta;

Para ejecutar la acción , no importa cual de las dos condiciones se cumpla.

El operador lógico **O** se expresa con ||.

```
if (condición1 || condición2 ||....|| condiciónN)
   {
   ...;
   }
```

Tablas de la verdad.

Operador Y (&&)

Condición 1	Condición 2	Resultado
Verdad	Verdad	Verdad
Verdad	Falso	Falso
Falso	Verdad	Falso
Falso	Falso	Falso

Operador lógicoO (||).

Condición 1	Condición 2	Resultado
Verdad	Verdad	Verdad
Verdad	Falso	Verdad
Falso	Verdad	Verdad
Falso	Falso	Verdad

En la columna Resultado, Verdad indica que se ejecuta la acción, y Falso que no se ejecuta.

Operador lógico NO.

JAVASCRIPT.

Sirve para negar una condición, y se exprese con el caracter !. Poe ejemplo:

> **if** (NúmeroA > Número B)

sería lo mismo que poner:

> **if** !(NúmeroA <= NúmeroB) // Si no (NúmeroA és menor igual que NúmeroB).

- **Estructuras Repetitivas.**

Estas estructuras sirven para repetir la ejecución de un bloque de código. Las instrucciones repetitivas de JavaScript son tres:

> Estructura **for**
> Estructura **for..in**
> Estructura **while**.

En este manual no trataremos la estructura for..in.

- **Estructura repetitiva for (también llamado bucle for).**

Sirve para ejecutar un bloque de código <u>un número de veces determinado</u>. Su sintaxis es la siguiente:

for (inicializar variable control**;** condición de continuar el bucle**;** incremento/ decremento de var de control)
```
   {
      sentencias;
   }
```
Por ejemplo:

```
   for(i=1;i<=10;i++)
     {
        sentencias;
     }
```

En este caso:

1. La variable de control **i** coge inicialmente el valor 1.
2. Se comprueba la condición **i<=10**; si se cumple, se ejecutan las sentencias del bucle; si no se cumple, se pasa a ejecutar la primera sentencia después del bucle (la que sigue a la llave }):
3. Se incrementa la variable de control y se vuelve al paso 2.

El siguiente esquema muestra el funcionamiento del bucle for.

Observar su funcionamiento:

Para ver un ejemplo rápido, modificaremos la función Esc() del método Escribe para que escriba un texto 5 veces. Una opción sería: El siguiente código muestra documento pero es document.

```
function Esc()
  {
  documento.write("<font face="+this.Fuente+" Color="+this.Color+"
        Size="+this.Tamaño+">"+this.Mensaje+"</font>");
  documento.write("<BR>");   // Para hacer un salto de línea.

  documento.write("<font face="+this.Fuente+" Color="+this.Color+"
        Size="+this.Tamaño+">"+ this.Mensaje+"</font>");
  documento.write("<BR>");   // Para hacer un salto de línea.

  documento.write("<font face="+this.Fuente+" Color="+this.Color+"
        Size="+this.Tamaño+">"+ this.Mensaje+"</font>");
  documento.write("<BR>");   // Para hacer un salto de línea.

  documento.write("<font face="+this.Fuente+" Color="+this.Color+"
        Size="+this.Tamaño+">"+ this.Mensaje+"</font>");
  documento.write("<BR>");   // Para hacer un salto de línea.

  documento.write("<font face="+this.Fuente+" Color="+this.Color+"
        Size="+this.Tamaño+">"+ this.Mensaje+"</font>");
  documento.write("<BR>");   // Para hacer un salto de línea.
  }
```

Fascinante , no ? . Vamos a intentar mejorarla:

Ejemplo11.

Tomar el ejercicio 10 y sustituir la función ESC() por la siguiente función. Guardar el ejemplo como ej11.htm

```
function Esc()
  {
  var i=0;
  for (i=1; i<= 5; i++)
    {
        documento.write("<font face="+this.Fuente+" Color="+this.Color+"
            Size="+this.Tamaño+">"+ this.Mensaje+"</font>");
        documento.write("<BR>");  // Para hacer un salto de línea.
    }

  }
```

Todavía podríamos mejorarla más, si mediante un parámetro le indicáramos el número de veces que queremos escribir.

JAVASCRIPT.

Sustituir la función ESC() por:

function Esc(Veces)
```
  {

 var i=0;

 for (i=1; i<= Veces; i++)
  {
     documento.write("<font face="+this.Fuente+" Color="+this.Color+"
       Size="+this.Tamaño+">"+ this.Mensaje+"</font>");
     documento.write("<BR>");   // Para hacer un salto de línea.
  }

 }
```

En este caso la llamada el método tendría la forma siguiente:

Texto.Escribe(5);   // Escribir el texto 5 veces

Guardar el ejemplo como ej11b.htm

Ejercicios.

- Modificar el programa anterior, de forma que escriba un texto 6 veces, empezando con fuente tamaño 6, y terminando con fuente tamaño 7 .Guardarlo como ej11c.htm

- Modificar el programa anterior, de forma que si el tamaño de la fuente es par, escriba el texto en color rojo, y de no ser así en color verde. Guardarlo como ej11d.htm

   Utilizar el color olive para el color. No hace falta que pongais el formato rgb.

- **Instrucción repetitiva While.**

Del mismo modo que **for**, sirve para repetir la ejecución de una o más sentencias. No obstante <u>el control de la repetición es distinto</u>; mientras que en un bucle **for** un valor numérico controla la cantidad de repeticiones, en un bucle **while** no siempre es así. Por lo general, el bucle **while** se utiliza para repetir la ejecución de un bloque de código un número de veces <u>no determinado</u>, y la repetición de las sentencias está controlada por una condición; <u>mientras se cumpla la condición, se ejecutarán las sentencias del bucle</u>.

```
    mientras(Condición)
      {
        sentencias;
      }
```

JAVASCRIPT.

En JavaScript sería:

```
while (Condición)
  {
    sentencias:
  }
```

Por ejemplo, supongamos que en el programa de la librería queremos hacer una página que permita hacer un pedido de distintos artículos. La acció *pedir_artículo* la debéis poner en una estructura repetitiva, por si el cliente quiere pedir más de un artículo. No sería demasiado correcto ponerla en una estructura **for**, pues ello obligaría al cliente a comprar siempre el mismo número de artículos. Ver el siguiente código:

```
for (i=1; i <= 10; i++)
    pedir_artículo();
```

Con este código se obliga al cliente a entrar siempre 10 artículos. Una posible solución sería la siguiente:

```
cantidad=Pedir_número_artículos();

for (i=1; i<= cantidad; i++)
  pedir_artículo();
```

Este código pide primero al cliente la cantidad de artículos que quiere comprar (línea *cantidad = Pedir_número_artículos()*), y después, un bucle **for,** ejecuta la función *pedir_artículo(),* tantas veces como indica la cantidad del cliente. Esta solución es poco elegante, además, en caso de que el cliente pida tres artículos, y al entrar el segundo decida comprar uno más, deberá anular el pedido y empezar de nuevo. Ver el siguiente código:

```
Escribe("Entre los artículos");
continuar = "S";

while (continuar =="S")
  {
    pedir_artículo();
    Continuar = Quiere_Continuar();
  }
```

La función *Quiere_continuar* preguntaría al cliente "Quiere otro artículo ?", y devolvería "S" o "N" a la variable continuar.

El bloque de sentencias del bucle while se va repitiendo hasta que el cliente responde que No quiere más productos. Se pueden entrar uno, o mil.

JAVASCRIPT.

Ver el siguiente ejemplo; construiréis un programa que escriba tantas veces como quepan en la pantalla (más o menos, y con resolución 640 x 480) un mensaje en el documento. Utilizaremos el valor 32 para multiplicar el tamaño de la fuente.

Ejemplo 12. Guardar el ejercicio como ej12.htm

```
<HTML>
<HEAD>
<TITLE> Prova de JavaScript </TITLE>
<SCRIPT>
<!--
function Text(Men,Font,Tam,Color)
  {     this.Mensaje=Men;
        this.Font = Font;
        this.Tamanyo = Tam;
        this.Color = Color;
        this.Escribe = Esc;
  };
function Esc()
  { var lineas=0;
     while (lineas<640)
        {   document.write("<font face="+this.Font+" Color="+this.Color+"
Size="+this.Tamanyo+">"+this.Mensaje+"</font>");
             document.write("<Br>");
             lineas = lineas +(this.Tamanyo*32);
        };
  };
//-->
</SCRIPT>
</HEAD>
<BODY>
<BR>
<BR>
<SCRIPT>
<!--
// Programa de Text
Text1 = new Text("Esto un Texto","Times New Roman","5","FF0000");
Text1.Color="00FF00";
Text1.Escribe();
//-->
</SCRIPT>
<BR>
<HR>
<HR>
</BODY>
</HTML>
```

JAVASCRIPT.

TEMA 2. Arrays

Definimos Array como "colección de elementos del mismo tipo". Los arrays son útilies para gestionar distintos elementos de un mismo tipo, tales como las notas de una clase, los nombres de los habitantes de un pueblo...
Supongamos que queremos gestionar las notas de una clase de 10 alumnos; con lo que sabemos hasta el momento, podemos hacer la siguiente declaración:

var nota1, nota2, nota3, nota4, nota5, nota6, nota7, nota8, nota9, nota10;

Para entrar las 10 notas deberíamos utilizar alguna función de entrada 10 veces, una para cada nota,

leer(nota1);
leer(nota2);
…
…
leer(nota9);
leer(nota10);

Realmente pesado. Supongamos que tuvieramos que entrar 25 ó 30 ó 50 notas.

Por suerte, existen los arrays, de manera que haremos un programa que hace exactamente lo mismo pero utilizando arrays. No obstante, primero definiremos qué es un array. Recordando la definición de variable, hemos dicho que no es más que una posición de memoria a la cual asignamos un nombre. En el programa anterior, nota1 es una posición de memoria, nota2 otra, nota3 otra... Al definir un array se dimensiona una variable, es decir, se le da la capacidad suficiente para albergar N elementos de un tipo determinado. Así por ejemplo al definir:

var notas: array[10] de enteros;

notas es una variable que puede contener 10 elementos de tipo entero. Para trabajar con un elemento de forma individual, lo haremos con la notación índice, así:

notas[1] , es el primer elemento
notas[2], es el segundo elemento
notas[3], es el tercer elemento

Si queremos entrar datos en el primer elemento :

leer(notas[1]);

Para entrar datos en el segundo elemento:

leer(notas[2]);

si queremos entrar las diez notas, podemos utilizar la estructura **for** de la siguiente manera:

```
for (i=1; i<=10;i++)
    leer(notas[i]);
```

Para gestionar una clase de 150 alumnos, sólo hace falta cambiar el 10 por el 150 en la declaración de array, y en la parte correspondiente del bucle **for**.

Llegado este punto debe quedar claro que un array es un grupo de datos del mismo tipo, que se pueden referenciar de forma individual por su índice.

A continuación, veréis cómo se declaran los arrays en JavaScript; es un poco más complejo.

- **Los arrays en JavaScript.**

Crear un array en JavaScript, es parecido a crear un objeto, es decir, se debe definir una función o método constructor, que será donde se especificará la cantidad de elementos de que consta el array. Ver el siguiente ejemplo:

```
function Construir_Array(Num_Elementos)
  {
    this.length=Num_Elementos; // Dimensionar un array es dar  valor a la
propiedad lenght
    for (i=1;i <= Num_Elementos; i++)    // Inicializa cada elemento a 0
      this[i]=0;
  }
```

Este método constructor sería llamado como cualquier otro: pasando el parámetro de número de elementos.

```
Nuevo_Array = new Construir_Array(5); // Construir un array de 5 elementos
```

Ver el ejemplo de cómo se podría crear una lista de arrays:

Ejemplo 13.

```
<HTML>
<HEAD>
<TITLE> Prueba de JavaScript </TITLE>
<SCRIPT>
<!--
function Hacer_Array(Num_Elementos)
  {
    var i=0;
    this.length=Num_Elementos;        // Definir num. elementos
    for (i=1;i<=Num_Elementos;i++)    // inicializar elementos.
      this[i]="";
```

```
  return this;
 }

function Escribe_Lista(lista)
 {
    var i=0;
     document.write("<ul>");
     for (i=1;i<=lista.length;i++)// desde índice1 a índice máximo, tomado de
propiedad length
         {
             document.write("<li>"+lista[i]);
         }
         document.write("</ul>");
 }
//-->
</SCRIPT>
</HEAD>
<BODY>
<BR>
<BR>
<SCRIPT>
<!--
 Lista = new Hacer_Array(5); // Se llama al constructor y se le pasa el número //de
elementos que debe
                        //tener el array
 Lista[1]="Línea 1";       // Se dan los valores a los elementos del array
 Lista[2]="Línea 2";
 Lista[3]="Línea 3";
 Lista[4]="Línea 4";
 Lista[5]="Línea 5";
 Escribe_Lista(Lista); // Se llama una función que escribe los valores de cada elemento
del array

//-->
</SCRIPT>
<BR>
<BR>
<HR>
<HR>
</BODY>
</HTML>
```

JAVASCRIPT.

TEMA 3 .OBJETOS PARA MANIPULAR TIPOS DE DATOS.

JavaScript tiene tres objetos incorporados para facilitar el manejo del tipo de datos, son: el objeto String (cadena de caracteres), el objeto Date (datos) y el objeto Math (matemáticas).

Objeto string.

Estos objetos sirven para manipular una serie de caracteres. Un objeto de este tipo se construye inicializando una variable en una cadena de caracteres, cerrada entre comillas simples o dobles.

> **var** text1="Hola";
> **var** text2='Adiós';

- **Propiedades**.

  length = contiene el número de caracteres del String.

- **Métodos**.

  anchor : Crea una áncora HTML que puede utilizarse como texto para un enlace de hipertexto. Podéis utilizar este método para crear y visualizar anclas en el documento, mediante los métodos **write o writeln**. Puede ser útil para crear una nueva ventana, en la cual queráis insertar una ancla en algún LINK. Por ejemplo:

  > **var** text="Texto Anclaa";
  >
  > ventana=window.open("","Una Ventana");
  > ventana.document.write(text.anchor("Ancla"));

  Tendría el mismo efecto que el siguiente código HTML.

  > <A NAME="Ancla"> Texto Ancla </A>

  big : La cadena de caracteres se visualizará con le tamaño más grande de la fuente. Tiene el mismo efecto que la etiqueta <BIG> de HTML.
  > **var** Text= Hola;
  > document.write(Text.big());
  > Sería lo mismo que,

  > <BIG> Hola </BIG>

JAVASCRIPT.

blink : La cadena de caracteres se muestra con intermitencias. Tiene el mismo efecto que la etiqueta <BLINK> de HTML.

```
var text="Hola";
document.write(text.blink());
```

Sería lo mismo que,

```
<BLINK>Hola</BLINK>
```

bold : muestra el string en negrilla. Tiene el mismo efecto que la etiqueta <B> de HTML.

```
var text="Hola";
document.write(text.bold());
```

Sería lo mismo que,

```
<B>Hola</B>
```

charAt(*índex*) : Devuelve el carácter que ocupa la posición indicada en el índice. La primera posición es la 0.

```
var text="Hola";
document.write(text.charAt(1));
```

Escribiría una o.

fixed : visualiz la cadena de caracteres con una fuente fija (fuente fija significa que todos los caracteres tienen la misma anchura y alzada). Tiene el mismo efecto que la etiqueta <TT> de HTML.

```
var text="Hola";
document.write(text.fixed());
```

Sería lo mismo que,

```
<TT>Hola</TT>
```

fontcolor("*color*") : sirve para visualizar una cadena de caracteres en un color determinado. Tiene el mismo efecto que la etiqueta HTML <FONT COLOR =....>

```
var text="Hola";
document.write(text.fontcolor("red"));
```

Sería lo mismo que,

```
<FONT COLOR="red">Hola</FONT>
```

en notación RGB

<FONT COLOR="FF0000">Hola</FONT>

fontsize(*tamaño*) : sirve para especificar el tamaño de la fuente de la cadena de texto. Tiene el mismo efecto que la etiqueta de HTML <FONTSIZE=tamaño>

indexOf(*cadenaBuscada*, [*inicio*]) : sirve para buscar un o una serie de caracteres dentro de un string. Devuelve la posición de *cadenaBuscada* empezando a partir de *inicio*. Inicio puede tener valores desde 0 a longitud de string-1 (string.length-1), es un parámetro opcional que si no se especifica se asume valor0. Si cadenaBuscada no se encuentra se vuelve al valor -1.

Var text="Hola buenos días"
document.write(text.indexOf("día",0); // escribe 9

italics : sirve para escribir la cadena de texto en cursiva. Tiene el mismo efecto que la etiqueta HTML <I>.

```
var text="Hola";
document.write(text.italics());
```

Sería lo mismo que,

```
<I>Hola</I>
```

lastIndexOf (*cadenaBuscada*, [*inicioi*]) : devuelve la posición en la cual aparece por última vez *cadenaBuscada* a partir de *inicioi*. Inicio puede tener valores entre 0 y Longitud de cadena-1 (string.length -1). Si cadenaBuscada no existe se devuelve un -1. Inicio es un parámetro opcional que si no se especifica se asume valor 0.

```
var text="Hola buenos días"

document.write(text.indexOf("a",0); // escribe 3
document.write(text.lastIndexOf("a",0); // escribe 11.
```

link(*cadenaURL*) : crea un enlace para poder saltar hacia otro documento. La cadenaURLdebe tener el formato de URL entero. Tiene el mismo efecto que la etiqueta HTML <A HREF= …>.

```
var textLink = "Hacia otra página"
vat textURL = "http://www.CapunAltrapagina.com"
document.open()
document.write("Para ir a otra página : "+textLink.link(textURL);
```

Tiene el mismo efecto que,

```
<A HREF="http://www.CapunAltrapagina">Hacia otra página</A>.
```

small : mostrará la cadena de texto en la fuente más pequeña. Tiene el mismo efecto que la etiqueta HTML <SMALL>.

```
var text="Hola";
document.write(text.small());
```

Sería lo mismo que,

```
<SMALL>Hola</SMALL>
```

strike : mostrará la cadena de texto con el efecto de tachado. Tiene el mismo efecto que la etiqueta HTML <STRIKE>.

```
var text="Hola";
document.write(text.strike());
```

Sería lo mismo que,

<STRIKE>Hola</STRIKE>

sub : muestra la cadena de texto con subíndice. Tiene el mismo efecto que la etiqueta HTML <SUB>.

var text="2"
document.write("La molécula del agua es :"+"H"+text.sub()+"O");

Sería lo mismo que,

<P>La molécula del agua es : H₂O</P>

substring (*inici, final*) : devuelve la subcadena que va desde posición *inicio* a posición *final*. Los valores para inicio y final van desde 0 a longitud de la cadena -1 (string.length -1).

var text="hola buenos días";

document.write(text.substring(0,3); // Escribe Hola.
document.write(text.substring(9,11); // Exriu día;
document,write(text.substring(3,3); // devuelve una cadena vacía.

sup : muestra la cadena de texto con superíndice. Tiene el mismo efecto que la etiqueta HTML <SUP>.

var text="2";
document.write("Hipotenusa" + text.sup() + "= Cateto" + text.sup() + "+ Cateto" + text.sup());

Sería lo mismo que,

Hipotenusa²= Cateto² + Cateto ²

toLowerCase :devuelve la cadena de caracteres en minúsculas.

var text = "HOLA";

document.write(text.toLowerCase());   // escribe hola.

toUpperCase : devuelve la cadena de caracteres en mayúsculas.

var text = "hola";

document.write(text.toUpperCase());   // escribe HOLA.

Ejemplo 14. Implementar el siguiente script.

EJEMPLO:

JAVASCRIPT.

```
<BODY>
 <SCRIPT language = "Javascript">
 <!—
     var frase = "Hoy es Lunes";
     document.write ("frase =" + frase + '<br>');
     document.write ("Longitud =" + frase.length + '<br>');
     document.write ("Negrita =" + frase.bold + '<br>');
     document.write ("Negrita =" + frase.bold () + '<br>');
     document.write ("Mayúsculas =" + frase.toUpperCase () + '<br>');
 //-- >
 </SCRIPT>
</BODY>
```

Objeto Date.

Este objeto sirve para trabajar con datos.

- **Creación de objetos Date.**

    VarFecha = **new** Date(); // inicializa en data actual.

    varFecha = **new** Date("mes día , año horas:minutos:segundos"); // inicializa en
                                                    // cadena de caracteres.
        VarData = **new** Date("November 3, 1996 12:00:00);

    varFecha = **new** Date(año, mes, día); // Inicializa en números enteros.

        VarFecha = **new** Date(1996, 11, 3);

    varData = **new** Date(año, mes, día, horas, minutos, segundos); // Inicializa en
                                                    //números enteros.

- **Propiedades**.

    No tiene.

- **Métodos**.

    getDate() : devuelve el día de un objeto Date().

                var varData = **new**(1993, 12, 3);
                var dia = varFecha.getDate(); // día valdrá 12.

    getDay() : devuelve el día de la semana del objeto data especificado. El Domingo es
    el 0, el lunes el 1, etc.

```
var varFecha= new (1997, 5, 1);
var DíaSemana = varFecha.getDay(); // Devuelve un 0 (Domingo)
                                    // sobre DíaSemana.
```

getHours() = devuelve la hora del objeto date especificado.

```
var varFecha= new (1997, 6, 1, 22, 10, 00);
var Hora = varFecha.getHours();  Devuelve 0 (Domingo);
            // Devuelve 22;
```

getMinutes() : devuelve los minutos del objeto date especificado.

```
var varFecha= new (1997, 5, 1, 22, 10, 00);
var Minutos = varFecha.getMinutes();  //Devuelve 10 sobre Minutos
```

getMonth : devuelve el mes del objeto date especificado. Enero es el 0, Febrero el 1, etc.

```
var varFecha= new (1997, 5, 1, 22, 10, 00);
var Mes = varFecha.getMonth();   //Devuelve 6;
```

getSeconds : devuelve los segundos del objeto date especificado.

```
var varFecha= new (1997, 5, 1, 22, 10, 00);
var Seg = varFecha.getSeconds(); // Devuelve un 00 o 01 dependiendo
                // del tiempo transcurrido desde la
        //sentencia anterior.
```

getTime = devuelve un valor numérico correspondiente al objeto Date especificat. El valor devuelto son los milisegundos que han pasado desde el 1 de Enero de 1970 hasta la fecha del objeto date. Es frecuente utilizar este método para igualar valores entre objetos fecha.

```
var varFecha= new Date(1993, 3, 2);
var varFecha2 = new Date();


.....


varFecha2.setTime=(varFecha.getTime()); // varFecha = varFecha2
```

getYear() : devuelve el año del objeto Date especificado.

```
var varFecha = new Date(1997, 3, 1);
var año=varFecha.getYear();  // Devuelve 1993
```

Eparse : toma como parámetro un string de la forma ("Nov 21, 1996) y devueve el número de milisegundos desde el 1 de Enero de 1970 hasta la fecha especificada. Se utiliza, normalmente, para asignar valores a objeto Fecha. Debido a que es un método estático podéis utilizarlo tanto en objetos (como hacéis habitualmente), como con la propia definición, es decir como a Date.Parse();

```
var varFecha=new Date();
varFecha.setTime(Date.Parse("Dic 10, 1997");
```

setDate, **setHours**, **setMinutes**, **setMonth**, **setSeconds**, **setTime**, **setYear**, son los equivalentes a los métodos get, pero sirven para asignar valores.

```
var varFecha=new Date();

varFecha.setDate(14);  // asigna el día 14 a la variable varFecha.
varFecha.setMonth(6);
varFecha.setYear(1996);
document.write(varFecha);  // Escribirá 14/6/1996 ??????????????
```

toGMTString : convierte una fecha en cadena utilizando la convención GMT de internet para fechas.

```
var varFecha = new Date(1997, 5, 1, 00, 00, 00);
var stringFecha = varFecha.toGMTString();

document.write(stringFecha) ; // escribirá Sun, 1 Jun 1993 00:00:00 GMT
```

toLocaleString : convierte un objeto Date a string utilizando las convenciones locales. La conversión dependerá del sistema operativo que se esté utilizando, y de la definición para los formatos de fecha y hora definidos en el equipo.

```
var varFecha=new Date(1997, 5, 1,00, 00, 00);
var stringFecha = varFecha.toLocaleString();

document.write(stringFecha); // podría escribir  1/6/1997 00:00:00
```

UTC : devuelve el número de milisegundos en formato UTC (Universal Coordinate Time). Es un método estático, por tanto, podéis utilizar Date directamente.

```
Date.UTC (año, mes, día, horas, minutos, segundos);
```

Año= a partir de 1900.
Mes = de 0 1 11.

Día = de 0 a 31.
Horas = de 0 a 23.
Minutos = de 0 a 59.
Segundos = de 0 a 59.

var varFecha = **new** Date(Date.UTC(97, 5, 1, 0, 0, 0));

Ejercicio 15. Implementar el siguiente script

EJEMPLO:
```
</SCRIPT>
</HEAD>
<BODY>
<SCRIPT language = "Javascript">
<!--
    var frase = "Hoy es Lunes";
    document.write ("frase =" + frase + '<br>');
    document.write ("Longitud =" + frase.length + '<br>');
document.write ("Negrita =" + frase.bold + '<br>');
document.write ("Negrita =" + frase.bold () + '<br>');
document.write ("Mayúsculas =" + frase.toUpperCase () + '<br>');
//-- >
</SCRIPT>
```

Objeto Math.

Sirve básicamente para utilizar métodos que calculan expresiones y funciones matemáticas.

- **Propiedades**.

  Todas son volores constantes, por tanto sólo son propiedades de lectura.

  E : número E (2,71...);
  LN2 : Logaritmo de 2 (0,63..)
  LN10 : Logaritmo de 10 (2,302...)
  LOG2E : Logaritmo en base 2 del número E (1,442)
  LOG10E : Logaritmo en base 10 de E (0,434...)
  PI : número PI (3,14...)
  SQRT1 2 : raíz cuadrada de ½.
  SQRT2 : raíz cuadrada de 2.

  Todas las propiedades tienen la sintaxi **Math.propietat.**

  ```
  document.write(Math.PI);  // Escribirá 3.1415.
  ```

- **Métodos**.

abs : devuelve el valor absoluto de un número.

acos : devuelve el valor del arco sinus en radiantes de un número. Número puede tener valores comprendidos entre -1y 1.

asin : devuelve el arco sinus de un número. Número puede tener valores comprendidos entre -1 y 1.

atan : devuelve el arco tangente en radiantes de un número.

ceil : devuelve el valor entero mayor o igual de un númerpo con decimales.

```
var N=4.95;
document.write(math.ceil(N)); // escribe 5;

var N=-4.95;
document.write(math.ceil(N)); // escribe -4;
```

cos : devuelve el cosinus de un número. El número debe estar expresado en radiantes.

exp : devuelve el número E elevado al valor especificado.

floor : devuelve el valor entero más pequeño o igual de un número con decimales..

```
var N=4.95;
document.write(math.floor(N)); escribirá 4

var N=-4.95;
document.write(math.floor(N)); escribirá -5
```

log : devuelve el logaritmo en base e de un número.

max : devuelve el mayor de dos números.

```
var N1=10, N2=20;
document.write(math.max(N1,N2); // escribe 20;
```

min : devuelve el menor de dos números.
```
var N1=10, N2=20;
document.write(math.min(N1,N2); // escribe 10;
```

pow : devuelve la potencia de un número (base) elevado a un exponente.

```
Document.write(Math.pow(2,4); // escribirá 16
```

random : devuelve un valor aleatorio entre 0 y 1. Válido sólo en plataformas Unix.

round : devuelve el valor de un número en decimales próximo al valor más próximo.

```
var N1= 23.4, N2= 23.5;
document.write(Math.round(N1)); // escribe 23
document.write(Math.round(N2)); // escribe 24
```

sin : devuelve el sinus de un número. El número debe estar expresado en radiantes.

sqrt : devuelve la raíz cuadrada de un número.

tan : devuelve la tangente de un número. El número debe estar expresado en radiantes.

JAVASCRIPT.

Ejercicio 16. Implementar un scripts donde se visualize la función a utilizar y el número sobre el cual se realizan las funciones. Visualizar por pantalla cinco funciones .

Algunas funciones interesantes.

Estas funciones convierten datos de un tipo a otro.

- **parseFloat**

  Tiene como parámetro un número float expresado con un string, y devuelve el mismo número como float.

  ```
  var fTotal=0;
  var Tex1="3.3", Text2="4.3"

  fTotal  = parseFloat(Text1)+parseFloat(Text2.Value); // ftotal = 7.6
  ```

- **parseInt.**

  Tiene como parámetro un número entero expresado con un string, y devuelve el mismo número como entero.

  ```
  var ITotal = 0;
  var Text1 = 2, Text2 = 3

  ITotal=parseInt(Text1)+parseInt(Text2.Value); // Itotal = 5
  ```

  ParseInt tiene un sugundo parámetro opcional que sirve para definir con que base numérica se le pasa el número.

  ```
  parseInt("10",10); // Escribe 10.
  parseInt("A",16); // Escribe 10
  parseInt("1010",2); // Escribe 10.
  ```

- **eval**

  Evalua un string y devuelve su valor. El String puede ser un valor o una expresión.

JAVASCRIPT.

TEMA 4.   Objetos de Formularios.

Objecto form.

El objeto formulario sirve de contenedor de los objetos que veremos posteriormente: cajas de texto, botones de radio, etc. Un formulario se utiliza para que un usuario envie datos al servidor en el cual se encuentra ubicada la página; por lo general, las páginas con formularios que se envían hacia el servidor son gestionadas programas especiales, llamados guiones CGI, que se encuentran en el propio servidor. También es normal que al validar un formulario (submit), los datos sean enviados a una dirección de correo.

Sintaxis HTML.

```
<FORM
  NAME="NombreDelFormulario"
  TARGET="NombreDeLaVentana"
  ACTION="URLDelServidor"
  METHOD=GET | POST
  ENCTYPE="encodingType">
........
</FORM>
```

NAME : especifica el nombre para el objeto del formulario.

TARGET : Es el nombre de la ventana que contiene el formulario. Cuando se valida (SUBMIT) un formulario con el atributo TARGET, el servidor envía una respuesta acerca de la ventana especificada. El nombre de la ventana debe existir. También se puede especificar un nombre especificado en el <FRAMESET>, pero no se puede utilizar, por ejemplo, una expresión JavaScript, como *window frame*.

ACTION : especifica el URL del servidor al cual es enviada la información. Este atributo puede especificar un guión CGI, o una aplicación LiveWire en el servidor, para que gestione el formulario; también puede especificar una dirección de correo, si el formulario se quiere recibir a través de correo; la forma sería:

ACTION="**mailto**:usuario@dominio".

Para más información acerca de URL, ver el objeto *Location*.

METHOD : GET | POST especifica cómo se enviará la información hacia el servidor especificado en ACTION.

ENCTYPE : especifica el MIME codificado del bloque enviado .

- **Propiedades.**

    Action : contiene el valor del atributo ACTION establecido en la definición.
    Elements : es un array que contiene todos los elementos del formulario (botones, cajas de texto, etc.)
    encoding : contiene el valor del atributo ENCTYPE establecido en la definición.
    length : contiene el número de elementos que contiene el formulario.
    method : contiene el valor del atributo METHOD establecido en la definición.
    target : contiene el valor de TARGET establecido en la definición.

Los objetos: botón,caja, contraseña, receptor, validar, incluir, texto, son también propiedades de un form. Más adelante veréis algunos ejemplos de esta propiedad.

- **Propiedades de Elements.**

    length : contiene el número de elementos de un formulario.

- **Métodos.**

    Submit : valida el formulario y éste es enviado al receptor.

- **Manipuladores de Events.**

    onSubmit : ejecuta la función, o instrucciones asociadas cuando se valida (submit) el formulario.

Objeto Button.

Es el típico botón que se pulsa.

Sintaxis HTML.

```
<INPUT TYPE="Button"
        NAME="NombreDelBotón"
        VALUE="TextoDelBotón">
```

NAME : Nombre del Objeto.
VALUE : Texto que aparece encima del botón.

- **Propiedades.**

    name :contiene el atributo Name de la definición del objeto.
    value :contiene el texto que acompaña al botón. El definido en VALUE="..." en la definición HTML.

JAVASCRIPT.

- **Métodos.**

    click : Simula la pulsación del botón.

Ejemplo:
El código siguiente hace que se ejecute la acción de pulsar el botón Boton1 cuando se ejecuta. En el caso de Button, bajará el botón y se ejecutará la función asociada al Evento Onclick en caso que esté definida.

```
....
Botón1.Clic();
.....
```

- **Manipuladores de Events.**

    onClick : Ejecuta la función al hacer clic sobre el botón.

Ejemplo 16.
La siguiente setencia abre una ventana alert() al pulsar el botón.

```
<FORM>
<INPUT TYPE="Button" NAME="Botón1" VALUE="Hola"
onClick="window.alert('Hola cómo estáis?')">
</FORM>
```

Ejemplo 17. Guardarlo como ej17.htm

El siguiente ejemplo llama a la función *cambiar_color()* al pulsar el botón, la función cambia el color del fondo del documento y el texto del botón. Observar que se pasa como parámetro el nombre del botón; también se hubiera podido pasar **this**, que seria lo mismo, recuerde que **this** siempre hace referencia al objeto sobre el qual se ejecuta la acción.

```
<HTML>
<HEAD>
<TITLE> Prueba de JavaScript </TITLE>

<SCRIPT>

<!--
function cambiar_color(paramboton)
  {
   document.bgColor="0000FF";
   paramboton.value="AZUL";

  }
//-->
```

```
</SCRIPT>

</HEAD>

<BODY BGCOLOR="00FF00" TEXTO="FFFFFF">

<BR>
<BR>

<FORM>
<INPUT TYPE="Button" NAME="Boton1" VALUE="VERDE"
onClick="cambiar_color(Boton1)">
</FORM>

<BR>
<BR>

<HR>
<HR>
</BODY>
</HTML>
```

Objeto Text.

Permiten introducir series de caracteres, tanto letras como números.

Sintaxis HTML.

```
<INPUT
  TYPE="text"
  NAME="NombreObjeto"
  VALUE="TextoPorDefecto"
  SIZE="Valor_Entero">
```

NAME : especifica el nombre del objeto.
VALUE : especifica el valor inicial del camp texto.
SIZE : especifica el número de caràcters que puede contener el campo.

- **Propiedades**.

    defaultValue : Contiene el atributo VALUE de la definición del objeto. La cadena de caracteres que se le asigna por defecto al campo.
    name : contiene el atributo NAME de la definición del objeto.
    value : contiene el valor actual del objeto. Es un objeto tipo string, por tanto se pueden utilizar todas las propiedades y métodos de los objetos de este tipo.

- **Métodos**.

focus :se invoca este método para forzar a que el campo de texto coja el foco. Sea el elemento activo.

blur : se invoca este método para forzar a que el campo de texto pierda el foco. Deje de ser el elemento activo.

select : se invoca este método para seleccionar el contenido del camp de texto.

- **Manipuladores de Events**.

  onBlur : ejecuta la función asociada cuando el objeto pierda el foco.
  onChange : ejecuta la función asociada cuando el objeto pierde el foco y ha canviado de valor.
  onFocus : ejecuta la función asociada cuando el objeto recibe el foco.
  onSelected : ejecuta la función asociada cuando el objeto (el contenido del campo) es seleccionado.

Ejemplo18.

La sentencia siguiente convierte a mayúsculas el contenido de un objeto texto cuando este es modificado. Recordar que **this** hace siempre referencia al objeto sobre el qual se está trabajando.

<INPUT TYPE="Texto" NAME="Text1" SIZE="10" onChange="**this**.value = **this**.value.toUpperCase()">

La sentencia siguiente hace que se seleccione el contenido de un objeto tipo texto cuando este coge el foco.

<INPUT TYPE="Texto" NAME="Text1" SIZE="10" onFocus="**this**.select()">

El contenido de los objetos tipo texto es siempre tipo string (recordar que *value* es un objeto tipo string), aunque se tecleen sólo números estos son tratados como caracteres, esto significa que cuando por ejemplo se entre el 9, no se está entrando el número 9 sinó que se está entrando el carácter ("9") que representa al número 9.

Ejemplo 19 . Guardarlo como ej19.htm

Probar el siguiente programa y analitzar los resultados. El documento consta de tres objetos tipo Texto *Numero1*, *Numero2* y *Resultado* y un Botón (dentro del objeto Formulari F1). Se trata que cuando se pulse el botón, se sume el contenido de *Numero1* más el contenido de *Numero2* y el total se muestre en el objeto texto *Resultado*.

```
<HTML>
<HEAD><TITLE>Pruebas JavaScript. Formularios</TITLE>


</HEAD>
<BODY>
```

```
<FORM NAME="F1">
  <INPUT TYPE="Text" NAME="Numero1" SIZE="5">
  <INPUT TYPE="Text" NAME="Numero2" SIZE="5">
  <BR>
  <INPUT TYPE="Text" NAME="Resultado" SIZE="5">
  <BR>
  <INPUT TYPE="Button" NAME="Boton" VALUE="Suma"
  onClick="F1.Resultado.value = F1.Numero1.value + F1.Numero2.value">
</FORM>

</BODY>
</HTML>
```

Si se carga en un navegador el código anterior y se prueba, se puede comprobar que los dos números no se suman matemáticamente, sino que se concatenan (si por ejemplo F1.Numero1.value = 12 y F1.Numero2.value = 54, cuando se pulse el botón para sumar F1.Resultat.value tendrá el valor 1254). No tendría que extrañar ya se ha advertido que son caracteres, datos tipo string y que cuando se suman dos datos de este tipo se concatenan.

Ejemplo 20. Guardar como ej20.htm

En este ejemplo se repetirá el programa anterior pero se tal forma que los números se sumen. Se incluye la función *esnumero*() para comprobar que los caracteres entrados en los campos de texto son dígitos numéricos, en caso que no lo sean se mostrará un mensaje y se dejará el camp con el valor 0 y activo, observar que esta función se llama utilitzando el Evento *onBlur*, es decir cuando el objeto pierde el foco. Para sumar los valors en la función *sum*() se ha utilizado la función *eval*(objeto_string) para convertir los strings a valores numéricos; observe como se llama esta función, se le pasa todo el formulario con la sentencia **this**.form. Ya dentro de la función, observar como para tratar los objetos texto se tratan como propiedades de formu, *formu.**Numero1**.value*

```
<HTML>
<HEAD><TITLE>Pruebas JavaScript. Formularios</TITLE>

<SCRIPT>
<!--
function sum(formu)
  {
    var Total=0;

  // Sumar los dos números utilizando la función Eval.
    Total= eval(formu.Numero1.value) + eval(formu.Numero2.value);
    formu.Resultat.value = Total;

  }

function esnumero(Campo)
  {
```

JAVASCRIPT.

```
        var i=0;
        var totnumeros = true  // Coger el valor del campo

        for (i=0;i<Campo.value.length;i++) // Mirar todos los caracteres.
          if ((Campo.value.substring(i,i+1) < "0") || (Camp.value.substring(i,i+1) >="9"))
                totnumeros=false; // Si es un caràcter no numerico la variable se pone a
false.

        if (!totnumeros)  // Si no son todo números
          {
            window.alert("Solo Cifras");   // Mensaje de error
              Campo.value="0"; // Valor del campo a 0
              Campo.focus();  // El campo vuelve a coger el foco
              Campo.select(); // Seleccionar el contenido del camp
          }


 }
//-->
</SCRIPT>
</HEAD>
<BODY>

<FORM>
  <INPUT TYPE="Text" NAME="Numero1" SIZE="5" onBlur="esnumero(this)">
  <INPUT TYPE="Text" NAME="Numero2" SIZE="5" onBlur="esnumero(this)">
  <BR>
  <INPUT TYPE="Text" NAME="Resultat" SIZE="5">
  <BR>
  <INPUT TYPE="button" NAME="Boto" VALUE="Suma"
onClick="sum(this.form)">
</FORM>
</BODY>
</HTML>
```

Sugerencia.

- En la función esnumero(), probar de cambiar el bucle **for** por un bucle **while** de manera que cuando encuentre el primer carácter no numérico ya salte fuera y no haga falta evaluar el resto de los caracteres.

Objecto texto área.

Sirve para lo mismo que un objeto tipo texto, permite la edición de más de una línea.

```
<TEXTAREA
  NAME="NombreDelObjeto"
  ROWS="Entero"
  COLS="Entero"
  WRAP="off|virtual|physical"> Texto
```

</TEXTAREA>

NAME : especifica el nombre para el objeto.
ROWS : especifica el número de filas visibles para el objeto TextArea.
COLS : define el número de caracteres por fila.
Texto : Valor inicial del objeto TextArea, es decir el texto que contendrá inicialmente y por defecto.
WRAP : controla como se pondrá el texto dentro del área. "Off" es el modo por defecto, las líneas seran enviades exactamente com se han tecleado. Con el valor "virtual" las líneas son enviadas tal com se han tecleado. El valor "physical" envia el texto con saltos de línea que coinciden con los del objeto. Que las líneas son enviadas significa que cuando pasen el valor del objeto hacia una variable tipo string por ejemplo. O cuando se pasen al servidor.

- **Propiedades.**

  defaultValue : Contiene el valor que se le ha assignado al objeto por defecto.
  name : Contiene el atributo Name de la definición del objeto.
  value : Contiene el valor actual del objeto.

- **Métodos.**

  focus : se invoca este método para forzar a que el campo de texto coja el foco, sea el elemento activo.
  blur : se invoca este método para forzar a que el campo de texto pierda el foco. Deje de ser el elemento activo.
  select : se invoca este método para seleccionar el contenido del campo de texto.

- **Manipuladores de Events.**

  onBlur : ejecuta la función asociada cuando el objeto pierde el foco.
  onChange : ejecuta la función asociada cuando el objeto pierde el foco y ha canviado el valor.
  onFocus : ejecuta la función asociada cuando el objeto recibe el foco.
  onSelected : ejecuta la función asociada cuando el objeto (el contenido del campo) es seleccionado.

Objeto Checkbox.

Casilla de verificación utilizada normalmente para seleccionar alguna opción.

Sintaxis HTML.

```
<INPUT TYPE="checkbox"
        NAME ="Nombredelacasilla"
        VALUE="ValorQueRetorna"
```

[CHECKED] >"Mensaje"

NAME : contiene el atributo Name de la definició del objeto.
VALUE : Valor que se devuelve al servidor si la casilla está activada y el formulario es validado.
CHECKED : Opcional. Si se pone la casilla aparece seleccionada.
Mensaje : El texto que se ha de mostrar al lado de la casilla.

- **Propiedades**.

    checked : Tiene el valor true si la casilla está marcada y false si no lo está.
    defaultChecqued : Muestra el valor que tiene por defecto el objeto. Retorna true si en la definición del objeto en código HTML se ha especificado CHECKED y false si no se ha especificado.
    name : Contiene el atributo Name de la definición del objeto.
    value : Valor que se devuelve si la casilla está activada. Contiene el atributo Value de la definición del objeto.

- **Métodos.**

    click : Cuando se invoca este método es com si se hiciera clic sobre el objeto. En el caso de un objeto Checked, si está activado se desactivará y si no está activado se activará; también se ejecutará la función asociada al Evento Onclick en caso que esté definida.

- **Manipuladores de Events.**

    onClick : Ejecuta la función asociada cuando se haga click sobre el objeto.

Ejemplo 21.

El siguiente ejemplo muestra un botón y cuatro casilles de verificación, cuando se hace clic sobre el botón se invoca la función *Marcar_Tres_Primeras*(**this**.form) pasándole el formulario. La función activa las dos primeras casillas poniendo la propiedad **Checked** a true y activa o desactiva la tercera utilizando el método **Click**().

La cuarta casilla utiliza el Evento **onClick** para ejecutar la función *Hacer_Alguna_cosa*() cuando se hace clic sobre ella, esta función despliega una ventana Alert() si la casilla se activa.

```
<HTML>
<HEAD>
<TITLE> Prueba de JavaScript </TITLE>
<SCRIPT>
<!--
function Marcar_Tres_Primeras(Formulario)
   {
       Formulario.Casilla1.checked=true;   // Activa la casilla
```

```
    Formulario.Casilla2.checked=true;   // Activa la casilla
    Formulario.Casilla3.click();        // Si casilla activada la desactiva y si desactivada la
activa
  }

function Hacer_Alguna_Cosa(casilla)
  {
    if (casilla.checked == true)  // Si casilla activada
      window.alert("Hacer Alguna Cosa");
  }


//-->
</SCRIPT>

</HEAD>
<BODY>
<FORM>
  <INPUT TYPE="Button" NAME="Botón1" VALUE="TRES PRIMERAS"
            onClick="Marcar_Tres_Primeras(this.form)"><BR>
  <INPUT TYPE="Checkbox" NAME="Casilla1" VALUE="Opción1">Primera Opción
<BR>
  <INPUT TYPE="Checkbox" NAME="Casilla2" VALUE="Opción2">Segunda
Opción
<BR>
  <INPUT TYPE="Checkbox" NAME="Casilla3" VALUE="Opción3">Tercera Opción
<BR>
  <INPUT TYPE="Checkbox" NAME="Casilla4" VALUE="Opción4"
            onClick="Hacer_Alguna_Cosa(this)"> Cuarta Opción.
</FORM>

<HR>
<HR>
</BODY>
</HTML>
```

Radio Object.

Botón de radio. Son los botones circulares que muestran distintas opciones, de las cuales se debe escoger una.

Sintaxis HTML.

```
    <INPUT TYPE = "Radio"
```

JAVASCRIPT.

NAME = "NombreDelBotón"
VALUE="ValorObjeto"
[CHECKED] Opcional> Mensaje

NAME : contiene el atributo Name de la definición del Select. Es corriente utilizar series de botones con el mismo NAME, de forma que se traten como grupos. En caso de tener que gestionar un único elemento se utiliza la notación array. Ver el ejemplo.
VALUE : valor que es devuelto al servidor cuando se confirma un formulario y la casilla está activada. Contiene el atributo Value de la definición del objeto.
CHECKED : Opcional. En caso de utilizarse, la casillla aparece marcada.
Mensaje : El texto que debe aparecer al lado del botón de radio.

- **Propiedades.**

  checked : Tiene el valor true si el botón de radio está marcado, y false si no lo está.
  defaultChecqued : Muestra el valor que tiene el objeto por defecto. Devuelve true si en la definición del objeto con código HTML se ha puesto CHECKED, y false si no se ha puesto.
  name : Nombre del objeto. El definido en NAME="..." en la definición HTML.
  value : Contiene el valor del texto Value de la casilla activada.

- **Métodos.**

  click : al invocar este métodosucede lo mismo que haciendo clic sobre el objeto. En el caso de un objeto de radio, éste se activará. En caso de que estédefinido se activará la función asociada al Event Onclick.

- **Manipuladores de Events.**

  onClick = Ejecuta la función asociada al hacer clic sobre el objeto.

Ejemplo 22.

El siguiente documento consta de un cuadro de texto, tres botones de radio y un botón. Al pulsar el botón se ejecuta una función que comprueba cuál de los tres botones de radio está activado, y actua convirtiendo el contenido del cuadro de texto en mayúsculas, minúsculas, o dejándolo tal y como está.

```
<HTML>
<HEAD>
<TITLE> Prueba de JavaScript </TITLE>
<SCRIPT>
<!--
function conversion(Formulario)
  {
  if (Formulario.ConversionTexto[0].checked == true)
       Formulario.CuadroTexto.value=Formulario.CuadroTexto.value.toUpperCase();
  else
    if(Formulario.ConversionTexto[1].checked == true)
```

Pag 58

JAVASCRIPT.

```
Formulario.CuadroTexto.value=Formulario.CuadroTexto.value.toLowerCase();
  }
//-->
</SCRIPT>
</HEAD>
<BODY>
<FORM>
  <INPUT TYPE="texto" NAME="CuadroTexto" SIZE="25"><BR>
  <INPUT TYPE="radio" NAME="ConversionTexto" VALUE="Maj">Mayúsculas
  <BR>
  <INPUT TYPE="radio" NAME="ConversionTexto" VALUE="Min">Minúsculas
  <BR>
  <INPUT TYPE="radio" NAME="ConversionTexto"
VALUE="Igual">SinConversión
  <BR>
  <INPUT TYPE="button" NAME="Botón" Value="Convertir"
onClick="conversion(this.form)">
</FORM>
<HR>
<HR>
</BODY>
</HTML>
```

La función *conversión*(), para referenciar un conjunto de botones de radio los trata del mismo modo que un array.

Mediante **this**.form se pasa todo el formulario a la función *conversión*(). Una vez dentro de la función, para referenciar el objeto Texto, se debe tratar con una propiedad del formulario Formulario. Cuadro Texto (siendo Cuadro Texto el nombre que se le ha dado al objeto Texto). La conversión a mayúsculas o minúsculas se hace aplicando los métodos *toUpperCase* y *toLowerCase* de los Objetos String sobre la propiedad *value* del objeto de Texto.

Select Object.

Define una lista de selección.

Sintaxis HTML.

```
  <SELECT
    NAME="Nombre"
    [SIZE="número_entero"]
    [MULTIPLE]
  <OPTION VALUE="valor" [SELECTED]> TextoElemento1
  ....
   <OPTION> TextoElementoN
   </SELECT>
```

NAME : contiene el atributo Name de la definición del Select.

SIZE : número que determina la cantidad de elementos visibles de la lista. Opcional.

MULTIPLE : activando esta opción se podrá seleccionar más de un elemento de la lista.

OPTION : especifica un elemento para la lista. El mensaje que muestra el elemento debe ponerse a continuación (TextoElemento). Las OPTION pueden gestinarse mediante notación array.

VALUE : especifica el valor que se devuelve al servidor (o al programa) cuando se valida el formulario.

SELECTED : especifica que elemento aparecerá seleccionado por defecto. Opcional.

TextoElemento : texto que se visualizará en el formulario acompañando a cada elemento de la lista.

- **Propiedades.**

    length: contiene el número de elementos de la lista.

    name: contiene el atributo Name de la definición de Select

    options: es el array que contiene todos los elementos de la lista. Parar referenciar un elemento de manera individual, se debe utilizar la notación array con esta propiedad. Ver ejemplo.

    selectedIndex : contiene el índice de la opción seleccionada. Si la listaes de selección múltiple contiene el índice del primer elemento seleccionado.

- **Las propiedades del array Options.**

    defaultSelected: contiene el índice seleccionado por defecto en la lista.

    index: contiene el índice de una opción.

    length : contiene el número de elementos de la lista.

    name: contiene el atributo Name de la definición del Select.

    selected : True o false, dependiendo de sí el elemento está o no seleccionado.

    selectedIndex : contiene el valor del elemento seleccionado en la lista.

    texto : contiene el texto que acompaña al elemento de la lista (aquel que sigue a cada <OPTION>).

    value: contiene el valor de atributo Value en la definición del Select.

- **Métodos.**

    blur : se invoca este método para obligar a la lista a perder el foco; deje de ser el objeto activo.

    focus : se invoca este método para obligar a la lista a coger el foco; se convierte en objeto activo.

- **Manipuladores de Events.**

    onBlur : ejecuta la función asociada cuando el objeto pierde el foco.

    onChange : ejecuta la función asociada cuando el objeto pierde el foco y ha cambiado el valor.

    OnFocus : ejecuta la función asociada cuando el objeto recibe el foco.

Ejemplo 23.

JAVASCRIPT.

El documento que sigue contiene dos botones de radio que permiten escoger Montaña o Playa, dos listas que muestran nombres de playas y montañas, y dos cajas de texto. Haciendo clic en el botón de radio Montaña, el foco pasará de manera automática a una lista de selección con posibles destinaciones de Montaña; haciendo clic en el botón de radio Playa, la lista de destinaciones que recibirá el foco será la sde distintas destinaciones de Playa. Haciendo clic sobre la lista montaña se activa una función mostrando en un cuadro de texto el país donde se encuentra la montaña. El otro cuadro de texto sirve para entrar el nombre de la playa; al salir este cuadro se activa una función que busca la playa en la lista de playas: en caso de encontrarla, la muestra como elemento activo de la lista, y en el caso contrario, muestra un cuadro window.alert() avisando del suceso.

```
<HTML>
<HEAD><TITLE>Pruebas JavaScrip. Formularios</TITLE>
<SCRIPT>
<!--
// Función que mira el elemento seleccionado de la lista y segun su  valor pone  el
// nombre  de un  país en el cuadro de texto Texto
function mostrarpais(lista,Texto)
  {
    if (lista.selectedIndex == 0)
       Texto.value = "Rusia";
    if (lista.selectedIndex == 1)
       Texto.value = "Suiza";
    if (lista.selectedIndex == 2)
       Texto.value = "Italia";
    if (lista.selectedIndex == 3)
       Texto.value = "Chile";
  }

// Función para buscar la playaentrada en  Texto2; en caso de encontrar la playa
// pasa a ser el elemento seleccionado en la lista playas, si no la encuentra informa //de
la situación.
function BuscarPlaya(Texto,Lista)
  {
    var i=0; //variable índice que utilitzaremos parar recorrer la lista desdel primer
elemento
    Texto.value=Texto.value.toUpperCase();  // Convertir el texto en mayúsculas
    // Mientres no se hayan mirado todos los elementos y no se encuentre el elemento
    while (i < Lista.length &&  Texto.value != Lista.optiones[i].texto )
        i=i+1;                            // Mirar siguiente elemento
    if (i<Lista.length)   // se ha encontrado el elemento
       Lista.options[i].selected=true; // este elemento pasa a ser el seleccionado
    else                // no encontrado
       window.alert("No tenemos esta playa"); // Mostrar mensaje.
  }
//-->
</SCRIPT>
</HEAD>
<BODY>
```

JAVASCRIPT.

```
<FORM NAME="F1">
<SELECT NAME="Playa">
<OPTION> NORMANDÍA
<OPTION> CANCÚN
<OPTION> COPACABANA
</SELECT>
<SELECT NAME="Montana" onChange="mostrarpais(this,F1.Texto)">
<OPTION> URALES
<OPTION> ALPES
<OPTION> APENINOS
<OPTION> ANDES
</SELECT>
<br><br>
<INPUT TYPE="radio" NAME="Escoger" onClick="F1.Playa.foco()">Playa <BR>
<INPUT TYPE="radio" NAME="Escoger" onClick="F1.Montana.foco()">Montana
<BR>
<BR>
<BR>
<INPUT TYPE="Texto" NAME="Texto" SIZE="20">
<BR>
<INPUT TYPE="Texto" NAME="Texto1" SIZE="20"
onChange="BuscarPlaya(this,F1.Playa)">
</FORM>
</BODY>
</HTML>
```

Las dos líneas que definen los botones de radio activan el método foco() de la lista correspondiente para que ésta se activedespués de hacer un clic encima del botón (de hecho se activará al hacer doble clic)

La función BuscarPlaya.

Utilitza un algoritmo muy típico en programació llamado **búsqueda secuencial**. Se trata de buscar un elemento concreto dentro de una estructura, en nuestro caso una lista, empezando desde el primer elemento (i=0) y terminando cuando se encuentre el elemento (Texto.value != Lista.optiones[i].value), o cuando no haya más elementos para mirar (i < Lista.length). Este último caso indica que no se ha encontrado el elemento.

El bucle **while** puede acabar por dos situaciones: al encontrar un elemento, o bien al llegar al final de la lista, por tanto, requiere una estructura **if..else** que determine si se ha encontrado el elemento o no. La condición a evaluar es evidente:

if (i < Lista.length)   // si no se ha llegado al final de la lista
    Elemento encontrado.

TEMA 5. OBJETOS JAVASCRIPT

Objeto Window.

JAVASCRIPT.

Se trata del objeto superior en la jerarquía de objetos de JavaScript; evidentemente se trata de la ventana donde se muestra la página web.

- **Propiedades**.

    defaultStatus : contiene el mensaje asignado en la definición para la barra de estado de la ventana.
    frame : es un array que contiene todos los frames de la ventana.
    length : contiene el número de frames que tiene la ventana.
    name : contiene el nombre que se le ha asiganado a la ventana al definirla o crearla.
    parent : es el nombre de la ventana principal, que contiene otra ventana en un frameset; dicho de otro modo, un documento puesto en un frameset con esta propiedad sabe que ventana contiene.
    self : el nombre de la ventana.
    top :contiene el nombre de la ventana principal en el navegador.
    window : nombre de la ventana actual.

- **Métodos**.

    alert=visualiza un mensaje especificado por el programador en una ventana. La ventana lleva un botón OK, que sirve para cerrarla una vez se ha visualizado el mensaje. Por lo general se utiliza este método para avisar de alguna circunstancia importante. **Nota:** hasta el momento habíamos utilizado este método varias veces, siempre precedido de la referencia window,

    > window.alert(*mensaje*)

    La referencia window resulta innecesaria en este método y en el resto de métodos.

    close : cierra una ventana referenciada. Si no se especifica la ventana, cierra la ventana desde la cual es invocado el método.
    confirm : muestra un mensje especificado por el programador, en una ventana con los botones *OK* y *Cancel*. Este método devuelve un valor true si se pulsa el botón *OK*, y un valor false si se pulsa el botón *Cancel*. Estos valores se pueden utilizar para tomar decisiones en una sentencia if.

    > **if** (confirm("¿ Quieres ver la página ?"))
    >   ......

    open : abre una nueva ventana en el navegador.

    > Novaventana = window.open("Url","Nom_Ventana","Grup_Elements");

    Nuevaventana : nombre de la nueva ventana. Debéis utilizar esta variable para utilizar propiedades, métodos y objetos contenidos en la ventana.
    URL : especifica el URL en el cual es ectivada la nueva ventana. Ver el método *Location* para una descripción del URL más detallada.
    Nombre_Ventana : nombre de la ventana que utilizaréis en el atributo TARGET de las etiquetas HTML <FORM> y <A>.

Grupo_Elementos : se trata de una lista en la cual podéis especificar una serie de controles que se pueden añadir a la ventana. Los controles deben ir separados entre comas; para activarlos o añadirlos se deben igualar a YES o 1, y para dejarlos desactivados se deben igualar a No o 0. Por ejemplo, para incluir una barra de estado en la nueva ventana, pondréis el status =yes o status =1. Los controles serán los siguientes.

toolbar : crea la barra de herramientas que lleva por defecto el navegador,en la nueva ventana.

location : crea el campo Location para la nueva ventana.

directories : incorpora a la ventana los botones standard de directorios del navegador. Por ejemplo, los típicos botones "Ver novedades",...

status : crea la típica barra de estado en la parte inferior de la ventana.

menubar : crea la barra de menús en la parte superior de la ventana.

scrollbars : crea las barras de desplazamiento horizontal y vertical, cuando el documento no tiene espacio suficiente en la ventana.

rezisable : el usuario podrá cambiar el tamaño de la ventana.

width : especifica en píxels el ancho de la ventana.

height : especifica en píxels el alto de la ventana.

En caso de no definir ningún elemento, se ponen todos a true por defecto; si se especifica alguno y se pone a true, el resto, por defecto, toma el valor false.

prompt : muestra un cuadro de diálogo con un mennsaje y un campo de texto.

prompt (mensaje, [CampoEntrada]);

mensaje es la cadena de texto o string que visualitzará el cuadro. CampoEntrada es un parámetro opcional del tipo string o entero; también puede ser una propiedad de un objeto ya existente. Sirve para dar el valor al campo de texto por defecto. La función devuelve el string entrado en el campo de texto en caso de salir pulsando el botón *Aceptar*.

setTimeout : sirve para evaluar una expresión al cabo de un número especificado de milésimas de segundos (1000 milisegundos=1 segundo). <u>Cuidado, la expresión no se evalua cada número de segundos, sino que al cabo de un número de segundos. La expresión sólo se ejecuta una vez.</u> Ver como en el ejemplo inferior se utiliza un método que hace que la función se ejecute cada segundo.

clearTimeout : cancela el Timeout especificado mediante el método **setTimeout**.

Ejemplo 24.

El ejemplo siguiente únicamente crea una nueva ventana al pulsar el botón Crear Ventana. La ventana incorpora la barra de herramientas y la barra de estado, las dimensiones son 100x400. El número de elementos se indica con un solo parámetro cerrado entre comillas.

<HTML>

JAVASCRIPT.

```
<HEAD><TITLE>Pruiebas JavaScrip. Ventanas</TITLE>

<SCRIPT>
<!--
function crear_ventana()
  {

nueva_ventana=window.open("","Hola","toolbar=1,status=1,heigh=100,width=400");
  }
//-->
</SCRIPT>
</HEAD>
<BODY>

<BR>

<FORM>
  <INPUT TYPE="button" NAME="Boto" VALUE="Crear Ventana"
onClick="crear_ventana()">
</FORM>

</BODY>
</HTML>
```

Ejemplo 25. SetTimeout. (no hacer)

El siguiente ejemplo muestra el funcionamiento del método **setTimeout**. Al cargar el programa (< BODY onLoad="...") se envoca el método setTimeout para que llame a la función mensaje al cabo de un segundo. La función se llama de forma recursiva cada segundo (una función recursiva es aquella que se llama a sí misma). En este programa la llamada recursiva sirve para que la función *mensaje()* se llame cada segundo. La función se iguala a la variable *Timer*. Esta variable sirve únicamente para invocar con posterioridad al método *clearTimeout*, y así parar el proceso de mostrar los mensajes cada segundo. En este programa el método *clearTimeout* se invoca el pulsar un botón.

```
<HTML>
<HEAD>
<TITLE> Prueva de JavaScript </TITLE>

<SCRIPT>
<!--
  var i=1;  // Se Iniciaizal la variable aquí para que mantinga  su valor entre les
diferentes llamadas
               // a la función.

function mensaje()
  {
  if (i%2 == 0) // Si i és divisible por 2
    window.status="Pero recordad que el tiempo no espera a nadie"
  else
```

```
        window.status="Paso a Paso se hace el camino"
    i++;
   if (i> 300000)        // Si i== 3000 i vuelve a 0
       i=0;
      Timer=setTimeout('missatge()',1000) // Llamar a la funció al cabo de un segundo
  }

//-->
</SCRIPT>

</HEAD>
<BODY onLoad="Timer=setTimeout('mensaje()', 1000)">

<h1>Página de Prueba</h1>
<BR>
<BR>
<FORM NAME="F1">
   <INPUT TYPE="Button" NAME="Parar" VALUE="Parar"
onCLick="clearTimeout(Timer)">
</FORM>
<BR>
<BR>
<H1>Final</H1>

<HR>
<HR>
</BODY>
</HTML>
```

Objeto Location.

Este objeto contiene toda la información referente al URL de la página actual.

- **Propiedades**.

Cada una de las propiedades representa una parte del URL:.

hash : especifica el nombre del ancla del URL.
host : contiene el nombre del host (ordenador).
hostname : especifica el nombre, el nombre de dominio o dirección IP del host dentro de la red.
href : especificael URL entero.
pathname : contiene la ruta o camino del recurso (página web, archivo, etc.) dentro del URL.
port : especifica el puerto de comunicaciones que utiliza el server para comunicarse.
protocol : especifica el tipo de protocolo (http:, ftp:, mailto:).

Este objeto no tiene métodos ni manipuladores de events.

JAVASCRIPT.

Ejemplo 26.

Se trata de un documento con un botón, que al pulsarlo, únicamente muestra información acerca del documento en el cual se encuentra definido el botón. Ver el ejemplo número 2, donde ha sido modificado el programa para que muestre información de cualquier página.

```
<HTML>
<HEAD><TITLE>Proves JavaScript. Location</TITLE>

<SCRIPT>
<!--

function crear_ventana(Loc)
 {
 nf=window.open("","Hola","toolbar=1,status=1,heigh=100,width=400");
 nf.document.write("<HTML>");
 nf.document.write("<HEAD>");
 nf.document.write("<TITLE>Localización</TITLE>");
 nf.document.write("</HEAD>");
 nf.document.write("<BODY>");
 nf.document.write("Hash : "+Loc.hash);
 nf.document.write("<BR>Host : "+Loc.host);
 nf.document.write("<BR>Hostname : "+Loc.hostname);
 nf.document.write("<BR>Href : "+Loc.href);
 nf.document.write("<BR>Pathname : "+Loc.pathname);
 nf.document.write("<BR>Port : "+Loc.port);
 nf.document.write("<BR>Protocolo : "+Loc.protocol);

 nf.document.write("</BODY>");
 nf.document.write("</HTML>");
 nf.document.close();
 }
//-->
</SCRIPT>
</HEAD>
<BODY>

<BR>

<FORM>
 <INPUT TYPE="button" NAME="Boto" VALUE="Crear Ventana"
          onClick="crear_ventana(window.location)">
</FORM>

</BODY>
</HTML>
```

JAVASCRIPT.

Objeto history.

Es una especie de lista que contiene todos los URL que han sido visitados,. La información de esta lista está disponible en las barras de botones u opciones de la barra de menús de muchos navegadores; son las opciones típicas de ir adelante y atrás.

- **Propiedades**.

  length : número de elemetos en la lista de URL.

- **Métodos**.

  back : retrocede un elemento en la lista de URL; va a la página anterior a la actual (siempre y cuando ésta no sea la primera).
  forward : adelanta un elemento de la página visitada; va a la página que sigue a la actual (siempre y cuando ésta no sea la última).
  go : va al número de página especificado; número de página significa a partir de la actual. Por ejemplo go(-2) retrocede dos páginas a partir de la actual.

- **Manipuladores de events**.

  No tiene.

Objeto Documento.

Contiene información acerca del documento HTML actual.

Sintaxi HTML.

```
<BODY
  BACKGROUND="ImagenDeFondo"
  BGCOLOR="ColorDeFondo"
  TEXT="ColorDeTexto"
  LINK="ColorLinkNoVisitado"
  ALINK="ColorLinkActivo"
  VLINK="ColorLinkVisitado" >
</BODY>
```

- **Propiedades**.

  alinkColor : color para el link activado .
  anchors : array de las anclas del documento.
  bgColor : color de fondo.
  cookie : especifica un cookie;
  fgColor : especifica el color del texto.
  forms : array que contiene los formularios del documento.
  lastModified : fecha de la última modificación del documento.

linkColor : color de los links dentro del documento.
links : array que contiene todos los links del documento. Ver Array de Links a Objeto Links.
location : contiene el URLentero del documento.
referrer : contiene el URL del documento desde donde ha sido llamado el actual.
title : contiene el título del documento (<TITLE> de HTML).
vlinkColor : color de los links visitados del documento.

- **Métodos**.

clear : borra el contenido del documento.
close : cierra el documento abierto con el método open.
open : abre un documento. Abre un flujo y permite utilizar los métodos write y writeln. El método open tiene la siguiente sintaxis:

> document.open(*mimetype*)

mimetype es un parámetro opcional que puede tener los valores siguientes:

Text/html : documento de texto (ASCII) que contiene formato HTML.
Text/plain : documento de texto (ASCII) puro con delimitadores de final de línea.
Image/gif : documentos de imágenes con formato GIF.
Image/jpeg : documentos de imágenes con formato JPEG.
Image/x-bitmap : documentos de imágenes con formato bitmap.
Plugins : carga el plugin especificado. Por ejemplo x-wordl/vrml carga un plug in para realidad virtual (VRML).

write : inserta texto en el documento.
writeln : inserta texto en el documento y salta de línea.

- **Manipuladores de events**.

No tiene.

Ejemplo 27.

El documento que sigue a continuación, es un simple ejemplo de como manejar el control de los colores de distintos elementos del documento, y de como mostrar cierto tipo de información utilizando el objeto *documento* de JavaScript. Observar el uso de *with*.

```
<HTML>
<HEAD><TITLE>Prueba JavaScrip.</TITLE>
<SCRIPT>
<!--
//-->
</SCRIPT>
</HEAD>
<BODY>
```

JAVASCRIPT.

```
<SCRIPT>
<!--
  with (document)
    {
    bgColor="blue";
    fgColor="white";
    linkColor="red"
    vlinkColor="green";
    alinkColor="black";
    write("URL de esta página : "+location+"<BR>");
    write("URL de la página de donde vienes : "+referrer+"<BR>");
    write("El título del documento es : "+title+"<BR>");
    write("La fecha en que se modificó por última vez es : "+lastModified+"<BR>");
    }
//-->
</SCRIPT>

<A HREF="http://www.pepito.tal">Link del Pepito</A><BR>
<A HREF="http://www.paquito.qual">Link del Paquito</A><BR>
<A HREF="http://www.ramonet.tal">Link del Ramonet</A><BR>

</BODY>
</HTML>
```

Objeto Links.

Imagen o texto que identifica un hiperenlace; al hacerle clic encima se carga el elemento referenciado.

Sintaxis HTML.

```
<A HREF=URL / Localización
  [NAME="NombreAncla"]
  [TARGET="NombreVentana"]>TextoDelLink
</A>
```

HREF : URL / Localización, identifica la función del ancla.
NAME : "NombreAncla" especifica una etiqueta que se convierte en una targeta de hipertexto asequible en el documento actual. Si este atributo especifica el presente objeto Link es también un objeto ancla. Ver objeto ancla para más información.
TARGET : "Nombreventana" especifica laventana en la que se cargará el recurso. NombreVentana puede ser una ventana; un frame especificado en un <FRAMESET> ; o un nombre de Frame predeterminado _top, _parent, _self, or _blank; nopuede ser una expresión JavaScript.
TextoDelLink : es el texto que se muestra en el documento acompañando al Link.

Array de Links.

Se puede referenciar un Link mediante el array de Links del Objeto Documento. El array de Links contiene una entada para cada elemento <A HREF=...> que aparece en el documento. Como todos los arrays, para referenciar un elemento se deben utilizar los índices, y tal ycomo de costumbre, el primer elemento tiene índice 0. Así por ejemplo, si queremos referenciar el primer Link de un documento podemos utilizar:

document.links[0].

Para saber el número de Links que tiene un documento podemos utilizar la propiedad **length**.

document.links.lenght.

La propiedad Links es sólo de lectura; en consecuencia la sentencia siguiente es incorrecta.
document.links[1]="Hiperenlace A Tal"

- **Propiedades**.

hash : especifica el nombre del ancla de un documento. Es una cadena de texto precedida por # que en código HTML sirve para establecer enlaces hacia distintas zonas de un documento.
host : contiene el nombre del host (ordenador).
hostname : especifica el nombre, el nombre de dominio o dirección IP del host dentro de la red.
href : especificael URL entero.
pathname : contiene la ruta o camino del recurso (página web, archivo, etc.) dentro del URL.
port : especifica el puerto de comunicaciones que utiliza el server para comunicarse.
protocol : especifica el tipo de protocol (http:, ftp:, mailto:).
target : especifica el atributo target. _top, _parent, _self, _blank.

- **Métodos**.

No tiene.

- **Manipuldores de Events**.

onClick : este event se genera al hacer clic sobre el Link.
onMouseOver : este event se genera cuando el puntero del ratón pasa por encima del Link.

- **Ejemplo 28:**

En el ejemplo siguiente hay dos funciones. La función *Mostrar()*. Sirve para mostrar en una ventana *Alert* el contenido (las referencias) de todos los Links del documento. Se utiliza el array *links* (propiedad del objeto documento) para confeccionar la lista y la propiedad lenght, que determina el número de elementos de la lista. La función *estat()* es invocada mediante los métodos *onMouseover* de los links, y simplemente muestra un mensaje en la barra de estado informando de donde se cargará el documento apuntado por el link.

JAVASCRIPT.

```
<HEAD><TITLE>Pruebas JavaScrip.</TITLE>
<SCRIPT>
<!--
function Mostrar(enlace)
{
  var i=0;
  var text="";

  for (i=0;i<enlace.length;i++)
    {
     text=text+enlace[i].href+"\n";
    }
  window.alert(text);

}
function estado(en)
{
  if (en.target == "_top")
    window.status="Abrirá una nueva ventana";
  else
    window.status="Abrirá en ventana actual";

}
//-->
</SCRIPT>
</HEAD>

<BODY>

<A HREF="http://www.pepito.tal" TARGET="_top"
onMouseOver="estado(this)">Link del
Pepito</A><BR>
<A HREF="http://www.paquito.qual" onMouseover="estado(this)">Link del
Paquito</A><BR>
<A HREF="http://www.ramonet.tal" onMouseover="estado(this)">Link del
Ramonet</A><BR>

<FORM F1>
  <INPUT TYPE="button" VALUE="Muestra Información Links"
            onClick="Mostrar(document.links)">
</FORM>
</BODY>
</HTML>
```

Objeto Anchors.

Una ancla es el nombre de un hiperenlace hacia otra parte del documento.

JAVASCRIPT.

Sintaxis HTML.

```
<A [HREF=URL / Localización]
  NAME="NombreAncla"
  [TARGET="NombreVentana"]>
  TextoAncla
</A>
```

HREF : URL identifica el destino del ancla o URL. Si existe este atributo el objeto ancla es también un objeto Link.

NAME : "NombreAncla" especifica una etiqueta que se convierte en una tarjeta de hipertexto asequible en el documento actual.

TARGET : "NombreVentana" especifica la ventana donde se cargará el recurso refernciado por el Link. Este atributo sólo tiene sentido si está definido en el atributo HREF=URL .

TextoAnla : especifica el texto que acompaña al ancla.

Array de anclas.

Se puede referenciar una ancla mediante el array de anclas del Objeto Documento. El array de anclas contiene una entrada para cada elemento <A> que aparece en el documento. Como todos los arrays, para referenciar un elemento se deben utilizar los índices y, como de costumbre, el primer elemnto tiene índice 0. Así por ejemplo, para referenciar la primera ancla de un documento podemos utilizar:

document.anchors[0].

Para saber el número de anclas que tiene un documento podemos utilizar la propiedad Length.

document.anchors.length.

Los elementos del array Anchors sólo son de lectura; en consecuencia la sentenciasiguiente es incorrecta:

document.anchors[1]="Ancora 1"

- **Propiedades**.

No tiene. El array Anchors tiene la propiedad **length**.

- **Métodos**.

No tiene.

- **Manipuladores de Events**.

JAVASCRIPT.

No tiene.

Objeto Frames.

Los frames o marcos hacen posible que en una misma ventana se puedan visualizar diversos documentos HTML a la vez. En cada marco que se define en la ventana, se puede cargar un URL distinto.

Sintaxis HTML.

```
<FRAMESET
    ROWS="anchodelMarco"
    COLS="LargodelMarco">
    <FRAME SRC="Localización URL" NAME="NombreMarco">
        .........
</FRAMESET>
```

Cada marco debe definirse con la etiqueta FRAME.

ROWS : ancho en píxels de cada frame o marco horizontal; para cada uno de los marcos se debe especificar el número de píxels. Por ejemplo, para definir tres marcos cada uno de los cuales tenga un ancho de 100 píxels, ROWS="100,100,100". Es muy frecuente definir el ancho del último marco con un * para que coja lo que queda de la ventana, ROWS="100,100,*"
COLS : ancho en píxels de cada frame o marco vertical; para cada uno de los marcos se debe especificar el número de píxels. Por ejemplo, para definir tres marcos, cada uno de los cuales tenga un ancho de 100 píxels, COLS="100,100,100". Es muy frecuente definir el ancho del último marco con un * para que coja lo que queda de la ventana, COLS="100,100,*".
FRAME SRC="URL" NAME="Nombre" : Define todos los URL que se cargarán en los marcos; NAME sirve para nombrar el marco.

- **Propiedades**.

    frames : es un array que contiene todos los frames definidos en la ventana.
    name : contieneel atributo NAME de la etiqueta FRAME definida en HTML.
    length : contiene el número de marcos del marco principal. Para entendernos, el número de etiquetas FRAME definidas dentro del par
    <FRAMESET>..</FRAMESET>
    parent : es la referencia, la vemtana que contiene el FRAMESET.
    self : sirve para referenciar algún objeto o componente contenido en el mismo marco.
    window : el frame activo.

Frames es también una propiedad de window y esta propiedad es un array que contiene todos los frames de la ventana. Este array tiene la propiedad length que contiene el número de frames.

JAVASCRIPT.

- **Métodos**.

  setTimeout i **clearTimeout** : las mismas consideraciones que en el objeto window.

- **Manipuladores de events**.

  No tiene.

Para ejemplos acerca de marcos, ver el tema siguiente, Trabajar con marcos.

Objeto Navigator.

Sirve básicamente para recoger información acerca del navegador que carga el documento.

- **Propiedades**.
  appCodeName : especifica el código del nombre del navegador.
  appName: contiene el nombre del navegador.
  appVersion : contiene el número de versión del navegador.
  userAgent : contiene información sobre el agente.

Este objeto no tiene métodos ni manipuladores de events.

JAVASCRIPT.

Resumen de : OBJETOS DE JAVASCRIPT

Se definen objetos que están relacionados con la fecha actual, la ventana del navegador, etc. Cada objeto tiene por un lado unas propiedades (el color de fondo de una página por ejemplo) y por el otro lado tiene métodos (funciones que se pueden realizar con ese objeto). Sobre estos objetos se pueden producir eventos. Los eventos que se pueden producir en Javascript son:

onBlur: se produce cuando un elemento pierde el foco.

onClick: se produce cuando pinchamos sobre ese elemento.

onChange: se produce cuando el usuario cambia el valor de algún elemento.

onFocus: se produce cuando un elemento coge el foco.

onLoad: se produce al cargar esta página en el navegador.

onMouseOver: se produce cuando pasamos el ratón por encima.

onMouseOut: se produce cuando el ratón salga de ese elemento.

onSelect: se produce cuando seleccionamos un elemento.

onSubmit: se produce cuando pulsamos el botón "Enviar" de un formulario.

onUnload: se produce cuando el usuario abandona una web.

Los objetos integrados en Javascript son:

Anchor:

Button:

Checkbox:

Date:

Document:

Elements (array):

Form:

Frame:

Hidden:

History:

Link:

Location:

Math:

Navigator:

Password:

Radio:

Select:

Reset:

String:

Submit:

Text:

Textarea:

Window:

Los eventos se pueden producir en todo el documento y para que eso pase debemos aplicar este evento en la etiqueta Body. La segunda zona donde se produce un evento es en un formulario y para esto, el evento lo debemos incluir en la etiqueta Form. La tercera zona donde se pueden producir eventos es sobre un elemento eventual como un botón o un campo de texto de un formulario.

Cada elemento de un formulario puede llevar determinados eventos:

<SELECT> → onBlur, onChange, onFocus.

Type = "checkbox" → *onClick*

Type = "radio" → *onClick*

Type = "reset" → onClick

Type = "button" → onClick

Type = "submit" → onClick

Type " text" → onBlur, onChange, onFocus, onSelect

<TEXTAREA> → onBlur, onChange, onFocus, onSelect

Fuera de un formulario:

Documento <BODY> → onLoad, onUnload

<FRAME> → onLoad, onUnload

<A href> → onClick, onMouseOver, onMouseOut

<FORM> → onSubmit

www.ingramcontent.com/pod-product-compliance
Lightning Source LLC
Chambersburg PA
CBHW081054170526
45165CB00006B/2271